まるごと仏教ライフ

浄土真宗のすすめ

武田晋

まるごと仏教ライフ

—浄土真宗のすすめ—

武田　晋

はじめに

私たちの身や心を悩ます苦悩の根本は、自分自身がこうありたい、こうしたいという思いであり欲望です。お釈迦さまは、この苦悩を四苦八苦とし、苦悩から解き放たれる解脱《げだつ》を目指すべく教えを説かれました。

しかしながら、私たちの現実は、苦悩から解き放たれる修行の実践はおろか、心の平安を保つことも難しい日常です。ときに、思いも寄らない現実をつきつけられて唖然《あぜん》とすることも多いものです。また、夢を追い続けようと願うなかで、失ったものも一つや二つあるはずです。もしもあの日あのとき、違う選択をしていたならば……。時間は心を置き去りにする場合もあります。

そんな苦悩する私をいつもあたたかく見守り、そのままでいいんだよと、不安な心や寂しい心、喜びの心に寄り添ってくださる確かな存在を持てるなら、苦悩の現実は変わらないかもしれませんが、前を向いて人生を歩んでゆけることでしょう。

親鸞聖人は、限りなく愚かな私の人生に、智慧《ちえ》の灯火《ともしび》を掲げて導いてくださいます。苦悩を苦悩と照らされ、その苦悩をありのままに押さえて迷いを超えて往《ゆ》ける道でもあります。「まるごと仏教ライフ」とは、親鸞聖人の掲げられた阿弥陀さまのみ教えを主とした仏教生活であり人生です。そのような生き方や日暮らしに少しでも触れていただき、お念仏を喜ぶご縁としていただけたら幸いです。

二〇一九（令和元）年十二月八日

慈珠山麓の寓居にて著者識す

目次

カバー・挿絵／吉田　瑠美

本文中、『浄土真宗聖典（註釈版）第二版』は『註釈版聖典』、『浄土真宗聖典七祖篇（註釈版）』は『註釈版聖典（七祖篇）』と略記しております。

第一章　み教えのある人生

浄土真宗に出遇った人びと

金子みすゞの故郷

一九九八（平成十）年のことです。私は、山口県長門《ながと》市仙崎《せんざき》にあるJR西日本仙崎駅構内の「みすゞ館」を訪れました。彼女は、童謡詩人として児童文学作家の矢崎節夫《やざきせつお》先生（現・金子みすゞ記念館館長）により紹介され、テレビでも話題となりましたので、その名を知る人も多いことでしょう。

私が金子みすゞさんの名を初めて知ったのは、一九九二（平成四）年、浄土真宗本願寺派の仏教青年連盟開催による「全国真宗青年の集い」を山口教区が引き受けたときのことでした。そのとき、記念講演の一人としてお越しいただいたのが、矢崎節夫先生でした。当時は、地元の人でも金子みすゞさんの名はほとんど知られていませんでした。仙崎駅の駅舎の一部とスーパーの一画に、資料展示があった程度です。後に、みすゞさんが幼少期を過ごした金子文英堂の跡地に金子みすゞ記念館がオープンしたのは、二〇〇三（平成十五）年のことでした。

金子みすゞさんは、祖母の影響から浄土真宗の法義にもご縁があり、小さい頃からよくお寺に連れて行かれていました。仙崎の真宗寺院である遍照寺《へんじょうじ》に、みすゞさんのお墓もあります。「報恩講」をはじめとしたいくつかの真宗に関係する詩もあり、彼女の詩が慈愛にみちているのは、そんな宗教的な背景があったからだと思われます。二〇一一（平成二十三）年の東日本大震災の際にも、みすゞさんの優しい詩によって、多くの人たちの心が温められました。

共鳴するいのち

私の感動した詩に次のような作品があります。〝さびしいとき〟という詩です。

さびしいとき

私《わたし》がさびしいときに、
よその人は知らないの。

私がさびしいときに、
お友だちは笑うの。

私がさびしいときに、
お母さんはやさしいの。

わたしがさびしいときに、

仏《ほとけ》さまはさびしいの。

（『金子みすゞ童謡全集④　空のかあさま・下』四八―四九頁、ＪＵＬＡ出版局）

最初にこの詩を聞いたときには、何ということはない詩だなぁ、とあまり気に留めませんでした。私が淋《さび》しいときに、他人は知らないという部分はわかるのですが、なぜお友達は笑うのかなと不思議に思ったのです。しかし、よく考えてみますと、私たちは本当に淋しいときに、それが深い悲しみのときには、口に出したり声にすることすらできない場合があります。また言葉にした途端に、自分が情けなくなったりもします。そして他人にはそれが一〇〇パーセント伝わることはありません。おそらく、みすゞさんに淋しい出来事があったときに、お友達は「そんなことは時間が解決するよ」とか「また頑張ればいいじゃない」と励まして、笑って対応したのかもしれません。

人は仏さまに祈りや願いをかける場合がありますが、仏さまはお願いすると淋しさを取り去ってくださる存在なのでしょうか？　浄土真宗の仏さま、阿弥陀如《あみだにょ》来《らい》さまは、「そのままのお前でいいんだよ」と私にこだまし、ともに憂《うれ》いてくださる存在です。それも私に先んじて、私どもを案じてくださっています。

先のみすゞさんの詩は、そのような存在として仏さまを捉《とら》えておられる詩です。

また、みすゞさんにとっては、優しい優しいお母さんの存在がそうだったのでしょう。悲しみや辛さの器は、祈っても願っても、けっして別のもので満たされるものではありません。こだましてくれる両親や友人・先生などによって、悲しみの器から溢《あふ》れた思いが取り去られるのではないでしょうか。

また、金子みすゞさんには〝大漁〟と題する作品もあります。

大漁

朝焼小焼だ
大漁《たいりょう》だ
大羽鰮《おおばいわし》の
大漁だ。

浜《はま》はまつりの
ようだけど
海のなかでは
何万《なんまん》の
鰮《いわし》のとむらい
するだろう。

(『金子みすゞ童謡全集② 美しい町・下』一二―一三頁、ＪＵＬＡ出版局)

この詩を聞いたある幼稚園児が「だからぼく、お魚食べないんだよ」と言うと、別の園児が「ちがうよね、だから一生懸命食べるんだよね」と話したそうです。「食べない」と言った子どもも「食べる」と言った子どもも、どちらも命の痛みに気づいて言っているのです。魚が嫌いだから「食べない」と言ったのではないのです。

私たちはたくさんの命により今日を生かさせてもらっています。自分の命のために、多くの命を奪い傷つけ生きているのです。その私に関わった多くの命が、いま問題とされているのです。

一九九八（平成十）年、蓮如上人《れんにょしょうにん》五百回遠忌法要《おんきほうよう》は、「環境」をテーマとしてつとめられました。「できることから始めよう」という法要のスローガンの「始めよう」とはどこからなのか、金子みすゞさんの詩を聞いた幼稚園児の会話にそのヒントがあるような気がしました。

吉田松陰の妹・寿

二〇一五（平成二十七）年のNHK大河ドラマ「花然ゆ」の主人公は、吉田松《しょう》陰《いん》の妹である文《ふみ》さんでした。吉田松陰というと松陰神社（山口県萩《はぎ》市《し》や東京都世《せ》田谷区《たがやく》）が有名ですが、実は吉田家も、松陰の実家である杉家も、浄土真宗門徒です。特に熱心な真宗信仰を持っていたのは、松陰の母の滝《たき》さんと文さんの姉である寿《ひさ》さんでした。

寿さんは、一八七〇（明治三）年から一年程度、夫の楫取素彦《かとりもとひこ》とともに、長門国《ながとのくに》三隅村《みすみむら》二条窪《にじょうくぼ》（現・山口県長門市）の桜楓山荘《おうふうさんそう》に隠棲《いんせい》しました。そこに二人で小さなお堂を建て、木像の阿弥陀如来を安置し、月二回ほど定期的に僧侶を招いて村民向けに法話会を開催するなど、人民の育成と伝道教化に尽力したのです。後に、夫が熊谷県令《くまがやけんれい》（知事）や群馬県令に就任すると、仏法不毛のこの地で、人心を安らかならしめようと浄土真宗の布教を行うことを考えました。そこで、当時、西本願寺の明如《みょうにょ》上人（一八五〇―一九〇三）の命にて関東開教布教に出向していた真宗僧侶の小野島《おのじま》行薫《ぎょうくん》、金山仏乗《かなやまぶつじょう》を招き、夫とともに群馬県や関東各地の浄土真宗の説教所開設に尽力しています。一八七九（明治十二）年には前橋に、後に清光寺となる本願寺派の説教所を創設していますが、脳血管障害で健康がすぐれず、一八八一（明治十四）年一月に死去しました。

寿さんは、その遺言にも、

我真宗《わがしんしゅう》の法義《ほふぎ》は、辱《かたじけ》なくも、全国無二《せんこくむに》の教法《けうぼふ》にして、我等如《われらごと》き、愚昧《ぐまい》の者《もの》にも、聞《き、》ひらき、易《やす》き、他力本願《たりきほんぐわん》に候《さふら》へバ、能能《よく〳〵》心《こゝろ》を止《とゞ》め、聴聞《ちゃうもん》すれバ、御慈悲《おじひ》にて候《さふらふ》間《あひだ》、信心《しんじん》ハ《(は)》、頂《いたゞ》かる、

（『教海美譚―一名新妙好人伝―』第一編、六十頁、令知会）

と、広大なる願力を疑いなく信じ、罪も障りもみな、み仏に任せて、往生の大事を安堵《あんど》することを諭しています。

「知恩」の環境作り

一方、兄の吉田松陰には、

親思ふ　こゝろにまさる　親ごゝろ　けふの音づれ　何ときくらん

（『吉田松陰書簡集』二四四頁、岩波文庫）

という有名な歌があります。安政《あんせい》の大獄《たいごく》で刑死する一週間前に、江戸の獄中より父・叔父・兄に宛てた書簡のなかに記されたものです。「子どもが親を慕う心持ちよりも、親が子を愛する親心は、どれほどまさったものであろう。死なねばならぬ私の便りを知って、故郷の両親は、どんなに悲しむことであろう」と、子が親を大切に思う気持ちよりも、子を気遣う親心の方がはるかに強く深いものであると、親子の深い絆から詠《うた》われたものです。

仏教では四つの恩が説かれます。例えば『正法念処経《しょうぼうねんじょきょう》』では、母の恩、父の恩、如来の恩、説法法師の恩が挙げられています。仏教の「恩」は、「他人を思いやること」や、「他からなされたこと」を表すインドの言葉の訳語です。その思想の根底には縁起《えんぎ》の思想があります。いま、ここにある私は、親の恩はもちろんのこと、あらゆる恩を受けて生きています。それは、ただ見えるものだけではありません。また、他によってなされたことを知るということを「知恩」ともいいます。

今日、核家族化が進行した影響からか、代々受け継がれた形あるものや、形なきものを授かる機会が減っています。それは、子ども達の育つ環境から、お仏壇や仏法が失われているということでもあります。

「ありがたい」「おかげさま」「もったいない」「お礼を申す」とは、真宗信仰のなかで大切にされてきた言葉でもあります。失われつつある「知恩」の環境作りが、今日非常に大切です。若い人々に感謝の念がなくなったとは思いませんが、恩を知ることを通して、はじめて報恩・謝徳ということも生まれてくるのではないでしょうか。

仏教に触れる

心の中も覗いてみませんか

紅葉《こうよう》の季節になると、京都は観光客で一段と賑わいをみせ、有名観光寺院などが夜間もライトアップされます。境内《けいだい》の紅葉と灯《ともしび》が幻想的な雰囲気を漂わせ、人々を魅了しています。

ある年の秋、観光名所といわれる寺院を訪れたときのことです。境内に高さが一メートルはあろうかという大きな壺が置いてありました。なぜ、こんな目立つ場所に壺が置いてあるのだろう、と不思議に思った私は近づいてみました。すると、その壺の横に、「珍しいものが入っています。どうぞご自由に覗《のぞ》いてみてください」と書かれた立て札が立てられていました。これは中に珍しい金魚でも泳いでいるのではあるまいかと思い、壺の中を恐る恐る覗いてみました。あれ、中には何も入っていない……？

しかし、よくよく見ると壺の底の方に文字が書いてありました。「あなたの心の中も覗いてみませんか？」という一言でした。一瞬、一本取られたと感じましたが、そもそも寺院は仏道を求める場所ですから、紅葉を見るなどといった観光が目的で来ているのが筋違いであることを再確認させられました。

牡丹《ぼたん》や紫陽花《あじさい》などの花で有名な寺院も、けっして花を見せるのが目的ではなく、多くの人々にお寺に足を運んでもらい、仏縁にあってもらいたいというお手だてだったのです。私はその手だての一つに導かれたのです。

仏教の来た道

二〇〇一（平成十三）年には、九月十一日のアメリカでの同時多発テロ事件と、その報復としてのアフガニスタン空爆という、世界を揺るがす大きな出来事がありました。

かつて、アフガニスタン近郊は非常に熱心な仏教国でした。ところが、過激なイスラム教原理主義者のグループの手によって、多くの仏教遺跡が破壊されました。これらの遺跡については、浄土真宗本願寺派第二十二代門主であった大谷光瑞《おおたにこうずい》さま（一八七六―一九四八）が、二十世紀初頭に探検隊を組織して仏教遺跡の調査を行い、その遺跡の保護を主張されました。一般にシルクロードといわれたこの地域は、仏の教えの来た道でもあったのです。

お釈迦さまは、十二月八日に菩提樹《ぼだいじゅ》の木の下で、暁《あかつき》の明星《みょうじょう》をご覧になって、さとられました。しかし、単にお釈迦さまがおさとりになられただけでは、仏法は広まりません。お釈迦さまに仏法を広めるように勧めたのは、インドの梵天《ぼんてん》という神さまでした。この神さまの勧めがなければ、いま私たちは仏の教えを聞くことすらなかったかもしれません。また、この教えを喜び伝える人がいなければ、仏法に出会えなかったことでしょう。そういう意味からしますと、あの険しい地形と厳しい気候のアフガニスタン近郊を通過して、仏法を命がけで伝えてくださった人々に頭が下がります。

親鸞聖人は『教行信証《きょうぎょうしんしょう》』に『涅槃経《ねはんぎょう》』を引かれ、仏の教えを信じる場合の注意を促されています。それは、ただ単に仏教を聞くだけではなく、それを自分のこととして深く思量すること。もう一つ、さとりの道があると信じるだけではなく、その道を喜び伝えた人を信じるということです。

対岸の火事のように思える出来事も、実は仏教を聞く者にとっては、けっして人ごとではありません。まして、中央アジアは仏の教えの来た道でもあります。相手の立場を認めるのが仏教的な視点です。早く混乱と不安が収まり、平和のなかで、仏教遺跡がこれ以上破壊されることのないよう願います。

生活の智慧――中道

私どもが生きてきた二十世紀は、さまざまな意味で激動の時代でありました。社会に起こった出来事やその時代に生きた人々の心境を歌った歌などを聴きますと、それは私自身の辿《たど》ってきた時間でもありますから、感動を覚えたりします。しかし、時代や風潮が移りゆくなかで生きている私たちは、何を追い求め、どのような道を選ぼうとしているのでしょうか。

菩提樹の下でさとりを開かれたお釈迦さまが最初に説法をされたのは、昔の修行仲間だった五人の比丘《びく》（出家僧）たちであったと聞いています。その説法の一つに、二つの極端を捨てて「中道《ちゅうどう》」をさとることが説かれています。

お釈迦さまが捨てた二つの極端とは、欲望のままに快楽の生活におぼれることと、その逆の行為、つまり肉体的な苦行に専心することでありました。苦行は、インドの伝統的な修行方法の一つで、お釈迦さま自身も、六年間、呼吸の制御や断食行《だんじきぎょう》などの厳しい苦行を試みられましたが、それによっては聖者《しょうじゃ》の知見は得られないと反省し、苦行を捨てられたのでした。

ともすれば、私たちは世の中の出来事や自分の生き方についてどう考えてよいかわからないとき、「ほどほどが良い」といって曖昧《あいまい》な道を選びがちです。また、それが「中道」と捉えられているかもしれません。

しかし、若き日のお釈迦さまは、与えられていた衣食住すべてにわたる豊かな生活にもおぼれることなく、極端な苦行にも誘惑されることのない、正しい自覚の道である「中道」を選びとられました。それは、本当に悩むべきことを悩まず、悩まなくてもよいことを悩んでいた自己に、智慧《ちえ》が開けたということでもあります。

現在、環境や家庭をめぐる問題が散在しています。お釈迦さまのような智慧は開けませんが、仏さまのまなざしの視点から物事を考えるのは大切なことです。

心の豊かさ

大町正《ただし》という先生が書かれた本に、次のような小学校四年生の作った詩が紹介してありました。

算数六〇点　理科六二点
家に帰ったらどうなるか
この点どうしても気になる。
そっとだれにもわからないように
やぶってすてってしまおう。
いや、正直にしたがよい。
二つの心が、けんかを続けているうちに
家に着いてしまった。

もう仕方がない
給食のこん立表といっしょに
母に渡した
「なーに、この点、いったいどうしたのよ」
「もっと、しっかりしなけりゃだめじゃないの。四年生になったのに」
「ほんとに、これじゃ、どうしようもないわね」
母のきつい声に
なみだがぽろぽろ出てきて
何も見えなくなった。
わたし、やっぱり
やぶってすててしまえばよかった。
正直にするんじゃなかった、

バカ正直をしてそんをした、と思った。

（『子どもがおりなす　胸にジーンとくる話』一四四―一四五頁、学陽書房）

大町先生は、「このような親の接し方が繰り返されますと、子どもは悪い点のテストは破り捨ててしまうようになります。せめて『こんなこともあるさ。あまりがっかりしないで、間違ったところをもう一度考え直しなさい』くらいの言葉が親には言えないものでしょうか」といっておられます。親が子どもに嘘をつくようにし向けていながら、子どもが嘘をいうと大騒ぎしているのが私たちの現実です。今一度、自分の態度を見つめ直す必要があることを、この詩は紹介しています。

より良い大学を出てより良い企業に就職させようという、親の思いもわかります。ですが、それでは子どもを追いつめるばかりです。もし期待に添えなかったらどうしようと、子どもは悩みます。そして、期待に添えない子ども達は、いつしか親から遠ざかっていきます。一九九七（平成九）年に起きた神戸連続児童殺傷事件で、「透明な存在」と自分を表現した少年も、きっと自分の立場や存在をそのまま認めてくれる人がほしかったに違いありません。この私をこのまま認めてさとりの世界に導こうというのが、阿弥陀さまという仏さまのみ教えです。

「頑張れ！　頑張れ！」ではなくて、「どうしたの」と寄りそう心の余裕や豊かさを持ちたいものです。

我が身に引き寄せて問う

二〇〇三（平成十五）年、長崎市で中学一年の男子生徒による四歳幼児の誘拐殺害事件が起きたとき、食卓を囲みながら私の母が次のような話をしました。

仏教婦人会の集まりでのことです。ちょうど長崎の事件のことが話題となり、ある婦人会会員の方が、「あんな事件をおこす親の顔が見てみたい！」と発言されました。ところが、その発言に違和感を抱いた母は、次のように助言したというのです。「どんな母であっても、自分の子どもが犯罪を行ったりするような悪い子に育ってほしいと願っている親はいないのでは？　加害者の親の身になって考えると、その言葉は言えないでしょうし、さぞ辛い心境でしょう」と言ったというのです。

確かに、被害者家族の心中は思い余るものがあります。怒りと悔しさが渦まいた思いでいっぱいだったことでしょう。しかし、もしその加害者の親が自分であったらと考えますと、世間の声というのは批判的な言葉ばかりだったように思われます。私はその母の言葉を聞いて、「なるほどそうだね」と頷《うなず》きました。

私たちは、いつも出来事を傍《かたわ》らにながめ、それが良い悪いと批判しています。しかし、その出来事を当事者の身に置き換えて、また自分の身に引き寄せて考えているだろうか、と考えさせられる発言でもありました。仏教的視点や考え方は、このような発言・出来事を私の身に置いて常に問うていかないといけないと、再確認した出来事でもありました。

かなり以前の話ですが、自分の子どもを殺害されたお母さんが、加害者の刑を減軽してほしいと嘆願したという出来事がありました。それは「自分の子どもが殺害された苦しみは、私が一番知っている。その子にも親がいるだろうから、同じ辛い思いをさせたくない」というものでした。なかなか言える言葉ではありません。

阿弥陀さまのお心は、善人も悪人も、みな我が子一人のごとく、私たちを哀れみ悲しんでくださっています。このような「いのち」への眼差しを持ちたいものです。

第二章　時代の流れとともに

悩む力を失った現代人

涙も流せない心の痛み

「慟哭」という漢字が読めますよね？　えっ、読めない……。この漢字「どうこく」って読むのです。では、意味は？　えっ、一九九三（平成五）年に工藤静香が歌っていたドラマの主題歌でしょうって？　これで、あなたの歳がわかってしまいます。答えは、「声をあげて激しく泣くこと」、つまり号泣《ごうきゅう》と同じ意味です。そういえば、一九九七（平成九）年暮れに起きた山一証券の破綻《はたん》では、テレビカメラの前で社長さんが号泣していましたよね。公然の場で社長さんが泣くなんてと話題にもなりましたが、非常に悲しい状況を耐えながら記者会見に臨んだ社長さんが、感極まって慟哭してしまったのでしょう。

ところで、最近皆さんは泣くことがありますか？　泣く場合にもいろいろな場面があるでしょう。感動して泣く場合、悲しくて泣く場合、悔しくて泣く場合、そして嬉しくて涙する場合……。

平成の時代を迎えると同時に「バブル崩壊」といわれ、経済状況が衰退した時期がありました。その後、一時的に経済は回復の兆《きざ》しをみせましたが、二〇〇八（平成二十）年、リーマンショックによって再び停滞し、失われた十年とか二十年といわれています。そのような時勢の影響からか、死を選ばざるを得なかった「いのち」があり、自死が問題となり始めた時期でもありました。時を同じくして、苦しみ悲しみに寄り添い傾聴する活動に重きが置かれるようになってきたのも、この頃です。

現実には深く泣きたい場面がたくさん起こります。いや、涙さえも流せない心の痛みを覚える場面もあります。特に身近な人や自分にとって大切な人が亡くなったときほど悲しいことはありません。しかも、それが突然であればなおさらで、自分の子どもを先に亡くした親の悲しみなどはいかばかりかと思ってしまいます。そんなときには、励ましや慰めの言葉も意味をなさないくらいの状況です。ただそばで、ともに自分も泣くばかりということもありましょう。

一九九七（平成九）年のことですが、私は突然叔父を亡くしました。自死でした。叔父が社長であった会社が不景気で倒産、しかも多くの負債と近親者の裏切りという状況が叔父を追い込んでいったのでした。喪主である従兄弟《いとこ》はただぼう然とするばかりでしたが、叔母の悲しみようは見ていられませんでした。お通夜《つや》の席で号泣し気絶するような状況でした。きっと悔しくて、そして悲しくて複雑な心境であったに違いありません。ただ慟哭する大声がその場に響きわたっていました。私自身は、叔父の訃報《ふほう》を聞いたのがちょうど自分の子ども（長男）が生まれたときで、妻が出産した病院に行って、帰って来たばかりのことでした。まさに、身近な一人の人間が生まれた生の瞬間と死の瞬間という場面でした。訃報を聞いた一瞬、冗談か嘘だろうという思いでしたが、事実でした。悲しいというより、「なぜ?」という思いが強かったかもしれません。

一九九八(平成十)年には、「X Japan」という音楽グループのhideさんの突然の死に、葬儀会場であった築地本願寺の周りで泣き叫ぶ、何万人ものファンの映像も流れました。悲しみと悔しさと、そしてなぜという気持ちでいっぱいであったに違いありません。私のその当時からの思いですが、ある特定の世代やグループのなかで理解や共感される歌はありますが、その時代を通じて多くの世代の人々の心にしみわたる歌が少なくなったなどと思い始めていました。それが時代なのでしょうか?

自死する人は十二月になると増えるといいます。一九八〇年代から年間平均二万人以上の人々が自ら命を絶ち、バブル崩壊後、この数字は増え続けていました。

この数は実に交通事故による死者の倍以上です。これに未遂《みすい》まで入れると十万人近い人が自ら命を絶とうとしているのです。三十歳代前半だけにかぎれば、自死が死因のトップだというのは驚きの事実です。

自死の理由として、自分の命に対する重みを感じる心が欠けているからだという指摘もあります。確かに、自分の命を軽くみる人は、他人の命に対してもそうなのかもしれません。一九九七（平成九）年には神戸連続児童殺傷事件という、十四歳の少年が複数の小学生を殺傷し、被害者の頭部を校門前に置くという無残な事件が起こりました。自身を「透明な存在」と称した、この犯人の少年も、どこかで自分の存在感が希薄であると感じていたに違いありません。もしかしたら、何の役にもたたないと思っている自分の存在を喜んでくれる人がいてほしかったのかもしれません。誰かが、どこかで、支えになれなかったのだろうかと思ってしまいます。

いのちのバトンタッチ

神戸連続児童殺傷事件の翌年、一九九八（平成十）年三月号の『文藝春秋《ぶんげいしゅんじゅう》』には、この事件について警察が調べた供述調書が載っていました。

「君は、なぜ人を殺そうなんて思ったのですか」という調査官の質問に対して、A少年は「僕は、家族のことなんてなんとも思ってなかったんですが、おばあちゃんだけは大事な人だったんです。そのおばあちゃんが、僕が小学校のとき、死んでしまったんです。僕からおばあちゃんを奪い取ったのは死というものです。だから僕は、死とは何かと思うようになったんです。だから僕は死とは何かどうしても知りたくなって、最初はカエルやナメクジを殺していたんですが、ナメクジを殺していても死とはわからないので、その後は猫を殺してたんです。猫を殺しても死とはわからないので、やはり人間を殺してみないとわからないと思うようになったのです」と発言したそうです。「死とは何か」という問いを、死を対象化して「何か」を追い求めたために生じた事件が、神戸連続児童殺傷事件かもしれません。

一方で、こういうお話があります。あるお寺の門徒総代が亡くなられるときに、一週間前から親族十七人を全員自分の枕元に寄せられたというのです。そのときのことについて、十四歳のお孫さんが次のような作文を書きました。

ぼくはおじいちゃんからいろいろなことを教えてもらいました。特に大切なことを教えてもらったのは亡くなる前の三日間でした。今まで、テレビなどで人が死ぬと、周りの人が泣いているのをみて、何でそこまで悲しいのだろうかと思っていました。しかしいざ自分のおじいちゃんが亡くなろうとしているところに側にいて、ぼくはとてもさびしく、悲しく、つらくて涙がとまりませんでした。その時、おじいちゃんはぼくに人の命の重さ、尊さを教

えて下さったような気がしてなりません。（中略）

最後に、どうしても忘れられないことがあります。それはおじいちゃんの顔です。遺体の笑顔です。とてもおおらかな笑顔でした。いつまでもぼくを見守ってくれることを約束して下さっているような笑顔でした。おじいちゃん、ありがとうございました。

（青木新門《しんもん》著『それからの納棺夫《のうかんふ》日記』四六頁、法藏館）

二人の十四歳の少年の差は何だったのでしょうか。死という現場と現実が見えなくなってきている違いかもしれません。いのちの尊さのバトンタッチが必要な時代でもありましょう。

悲しみの欠落

一九九八（平成十）年に蓮如上人五百回遠忌を記念して、五木寛之《ひろゆき》さんの戯曲「蓮如―われ深き淵より―」が、前進座により各地で上演されました。この舞台の一シーンに、蓮如上人が「いまの世は闇だ。地獄だ」と言う場面があります。蓮如上人がいわれるその当時の闇とは、現代とは状況も違います。当時は、何万もの人々が飢え苦しむ飢饉《ききん》が発生し、加茂川《かもがわ》の河原に捨てられた死人で土手ができ、野積みにされた死体の腐臭で人々がむせ返ることもあった時代です。また、応仁《おうにん》の乱（一四六七年）が起こるなど混乱の絶えない時代での言葉です。

主演で蓮如上人を演じた前進座の嵐圭史《けいし》さんと、あるご縁で数度、食事に行ったときの話です。このセリフは、最初「この世は闇だ。地獄だ」と拳を振り上げながら、声をあらげて演じていたのだと言われました。そうしたら、その稽古《けいこ》風景をご覧になっていた五木寛之さんが、「その言い方では、いまの政治運動のようだ。もっと痛みをこめて、低いトーンで演じてください」と意見された、と話されました。そのほかにも小さい指導が数々あり、「ここは、こういう言葉や言い回しがいいのでは」と五木さんに尋ねますと、「脚本どおりにお願いします」と、それほどにこの脚本に自信をお持ちであった、と話されました。おそらく五木さんの心の中で、「闇だ。地獄だ」という言葉が、非常に重みを持っていたに違いありません。

私は幸い、生の上演を数度拝見しました。嵐さんの演じる蓮如上人は、まさに痛みをこらえるように、この言葉を発していました。この脚本には、いまの言葉に続いて、次のような蓮如上人のセリフがあります。

そんな世の中で、人々は皆、母を失った幼子《おさなご》のようにさびしさを抱いて生きておるのじゃ。おのれの罪業の深さと煩悩の激しさを、つよく悩む力さえ失ってな――。本当に深く悩むためには、つよい力がいるのだ。今のわれらには、その力さえなく、冬の枯野のようなさびしさを抱いて、うつろに生きている。このさびしさの底の底から立ちあがる力、わしはそれが欲しい。生きてゆく力。心の闇を照らす明るい光。それが欲しい！　真実そう思うた。

（『蓮如―われ深き淵より―』六四頁、中央公論新社）

このセリフは、まさにそのまま、現代に生きる私たちに通じる言葉でもあります。蓮如上人の伝道は、このような世に生きる人々の心と共感するところからスタートしているといってもいいかもしれません。

五木寛之さんの『大河の一滴』のなかでは、いまの時代の私たちにはマイナス思考、つまり「悲」の思想が欠けていると指摘されています。本当に自分が悲しいとき、また悲しんでいる人を見るときに、「どうして自分はこの人のために何もしてあげられないのか」と、自分の無力さに涙し、声をあげて呻《うめ》くような悲しみが欠けてきているのではないかといわれます。

蓮如上人は、『御文章』というお手紙で人々をご教化されましたが、そこでは、普段は月並みな文章だと思われる表現が、立ち上がることができないような心の状態であった当時の人々にとって、強い力で生き生きと心に迫ってきたことでしょう。例えば、

末代無智《まつだいむち》の在家止住《ざいけしじゅう》の男女《なんにょ》たらんともがらは、こころをひとつにして阿弥陀《あみだ》仏《ぶつ》をふかくたのみまゐらせて、さらに余《よ》のかたへこころをふらず、一心一向《いっしんいっこう》に仏《ぶつ》たすけたまへと申《もう》さん衆生《しゅじょう》をば、たとひ罪業《ざいごう》は深重《じんじゅう》なりとも、かならず弥陀如来《みだにょらい》はすくひましますべし。

（『御文章』五帖目第一通、『註釈版聖典』一一八九頁）

（末の世にあって智慧の灯の明るさを持たないで、煩悩にあやつられてすごしている男女はみな、疑いなく阿弥陀如来一仏をたよりとして、そのほかの神仏に心をよせずに、ただひたすら阿弥陀仏のたすけたまう法にまかせた衆生であるならば、たといどれほど深く思い罪を背負っていたとしても、阿弥陀如来は、如来の本願力によって間違いなくお救いくださるのであります。　宇野行信著『聖典セミナー　御文章』一九一頁）

と、私の悲しみを我が悲しみとして、ともに呻《うめ》いてくださるのが仏さまのお心です。頑張れというのではない、そのままのお前でいいのですよと、そばで手を取り涙してくださるのです。心を通してストレートに投げかけてくる教えの言葉ですから、多くの人々を導いていったのでしょう。

では、深い悲しみにある人々や救われがたいと思われた人々に、蓮如上人はど

のような思いで寄り添われたのでしょうか。蓮如上人は、

身《み》をすておのおのと同座《どうざ》するをば、聖人《しょうにん》（親鸞）の仰《おお》せにも、四海《しかい》の信心《しんじん》の人《ひと》はみな兄弟《きょうだい》と仰《おお》せられたれば、われもその御《おん》ことばのごとくなり。

（『蓮如上人御一代記聞書』第四十条、『註釈版聖典』一二四五頁）

（身分や地位の違いを問わず、このようにみなさんと同座するのは、親鸞聖人も、すべての世界の信心の人はみな兄弟であると仰せになっているので、わたしもそのお言葉の通りにするのである。『蓮如上人御一代記聞書（現代語版）』三三―三四頁）

と、親鸞聖人の御同朋《おんどうぼう》の精神にもとづき、人びとと親しく膝をまじえて仏法を談合されました。仏教の教えをいただく者にとっては、生死《しょうじ》を超える道を説くこと

が第一義でしょう。ですが、その時代や時流によって、どのように仏の教えを伝え説くべきかが課題となります。

さて、もう一度質問しましょう。あなたは最近泣きましたか？　透明な存在として軽く生きてはいませんか。悲しいときに何が心の支えとなりましたか。それは友達でしょうか、親でしょうか……。繰り返し起こる悲しみを確かに見つめ、それを照らす灯火をどこかに持っていますか。

人生のリアリティ

バーチャルペットの時代？

玩具《がんぐ》メーカーのバンダイから、一九九六（平成八）年十一月二十三日に発売された〝たまごっち〟というキーチェーンゲームは、その後、たいへんなブームとなりました。私の住んでいる山口県の田舎町ですら、二十個、三十個の〝たまごっち〟の販売に、千人以上の行列ができました。子どもと一緒に行列に並んだ親《お》御《ご》さんが、「やっと当たった」と大喜びで話をしてくれたことがあります。親子で並んで娘が抽選に当たったたそうなのです。

このおもちゃ、ポケットベルほどの大きさの卵形で、その液晶スクリーンのなかで卵からヒヨコが生まれ、鶏《にわとり》のようなものに成長していくという、疑似ペットを飼育するものです。しかも、餌《えさ》や糞《ふん》の世話・躾《しつけ》までするスイッチが用意され、雛《ひな》が音を発して世話を催促したりします。そうしないと死んでしまったり、ぐれたり、〝おやじ〟のような姿の成体になるといった成長の変化が楽しめる、携帯できる液晶電子ペットです。

その後、パソコンの世界でも、コンピュータの画面のなかで〝たまごっち〟を飼うものが登場しました。また、以前からパソコンソフトとしては、画面を泳ぎ回る電子金魚や熱帯魚といったものもありました。しかし、こちらは大きなブームとはなりませんでした。〝たまごっち〟の場合、その小ささと携帯性、まるでペットを飼うような感覚が身近に感じられることからブームとなったのでしょう。都会のマンション暮らしでは、ペットに対する規制が多いことや、糞の後処理のことを考えると、ブームになるのも頷けます。

しかも、この〝たまごっち〟、飼育の仕方に失敗したりしますと、すぐにリセットできます。つまり卵の状態から再び飼育をやり直せるのです。後には、いったん成長したものをいかに残酷に殺すかといったところまでプログラミングされたゲームもあらわれ、楽しみの一つとなっていたといいます。

液晶電子ペットとはいえ、リセットできるというのは非常に恐ろしい現象だと、ブームを傍《かたわ》らに思いました。テレビゲームの世界でも3D《スリーディー》などの立体映像が取り入れられ、非常にリアリティが感じられる技術が発達すると同時に、疑似世界のなかでは、あたかも現実であるかのように殺人が平気で行われるようになりました。こうした現実との同一視から、子どもの些細な喧嘩《けんか》が殺人につながってしまうといった現象まで起こっています。

このような現象の原因に、核家族化などによって、お年寄りの死を家族で経験するといった、身近な死に対する体験や痛みが減ってきていることも挙げられます。これに対して最近の教育の現場では、子どもたちに「死」についての教育を行うところも出始めました。

また、インターネットブームのなかで、在宅教育の必要性も叫ばれていますが、一方では、人と人との人格的触れ合いといった本来的なコミュニケーションの観点から、個別ゲームに熱中する子どもたちへの注意も行われるようになりました。

ところで、このようなリセット可能な死、つまり擬似的な死は、やり直しができます。しかし、現実の私の人生においては、リセットはできません。まして、死の事実、逆にいえば、いまある私の人生や命は、誰しも軽くみることはできません。そういった意味で、私はこのブームに、かけがえのない命や人生の痛みといった、大切なものが忘れられてきているように思えてなりません。

当時、人間から「生きている」というリアリティを失わせるといった危惧《きぐ》を生んだ小型のゲーム機器は、さらに二〇一〇年代には携帯電話搭載のゲームへと発展し、さらにはスマートフォンによるゲームへと変化を遂げました。その間、少年犯罪は減少傾向にありますが、凶悪な少年犯罪や携帯通信機器をめぐるトラブルといった、新たな問題も多数発生しています。何をするにもスマートフォンは便利になりましたし、車をはじめとしてあらゆるものにコンピュータが搭載されるようにもなりました。最近では人工知能（AI《エーアイ》）が推論や判断を行い、人間の思考を超えたことが話題になったりしています。

しかし、倫理や道徳、さらにはもっと深く人間の罪業性について、果たして人工知能が学べるのだろうか、慈悲や慈しみの心が学べるだろうか、疑問には限りがありません。もし、このような視座なくして人工知能が進化した場合、すべてが人工知能による善悪の基準で裁かれていく社会が来てしまわないか、不安を感じます。

それでは、仏教では命の重みや痛みを、どのように説いてきたのでしょうか。

お釈迦さまの前世を語った『ジャータカ』

仏教では、私たちが生きている世界、また、この世だけではなく、もっと長い時間のなかで、存在というものを考えていきます。お釈迦さまにしても、そのすぐれた徳行《とくぎょう》や教化《きょうけ》は、この世のものだけではありません。実は前世の数々の生存においても、いろいろな姿で善行を積み重ねていかれたのです。このことを物語形式で語った、『ジャータカ』（本生《ほんじょう》物語）というものがあります。お釈迦さまが入滅《にゅうめつ》された後、今日に至るまで、南方仏教では『ジャータカ』に登場する主人公（前世のお釈迦さまでボサツ・菩薩とよばれる）を彫刻・絵画・演劇によって再現し、仏教信仰を培《つちか》ってきました。

『ジャータカ』は二十二篇・五百四十七話があり、南方上座部《なんぽうじょうざぶ》の経蔵《きょうぞう》のうちの小部経典《しょうぶきょうてん》に含まれています。そのほか、単独の経典として説かれたものや、漢訳も多数存在し、約五百種のお話があります。干潟龍祥《ひがたりゅうしょう》博士の説明によると、ジャータカは本来、お釈迦さまが弟子や信者たちに説教されたとき、譬喩《ひゆ》・因縁《いんねん》談《だん》として使われた「昔物語」のことでした。

ところが、お釈迦さまが入滅された後になりますと、偉大なお釈迦さまを神格化し、超人化する風潮がたかまり、前世に種々の徳行を積んだことが原因となって、お釈迦さまはこの世に出現されたという観念が作られました。そこで、このことを広く説くための説話として、インド内外で広く伝えられていた物語が素材として採用され、前世のお釈迦さまを主人公として、これをボサツ（求道者《ぐどうしゃ》）、あるいは大士《だいじ》（偉大な人）と呼んで、『ジャータカ』が作られました。

これらの話のなかには、法隆寺《ほうりゅうじ》の玉虫厨子《たまむしのずし》の台座部（須弥座部《しゅみざぶ》）に彫られている有名な捨身飼虎《しゃしんしこ》の図のように、ボサツが飢えた虎のために自分の身体を割き、投げ出したという話（『金光明経《こんこうみょうきょう》』巻四、等）などもあり、このような利他行《りたぎょう》のなかでのドラマチックなお話として展開する場合が多いのです。

うさぎの布施行

いまここでは、日本で最近、日常的に見かけたり飼われたりすることが少なくなった、うさぎを題材としたお話を紹介しましょう。

過去世においてうさぎであったお釈迦さまが、森の中に住んでいたときの話です。うさぎの住んでいた森は、一方は山の麓《ふもと》、もう一方は川、もう一方は村でした。森の中には、うさぎの友達の猿、山犬、そしてカワウソが住んでいました。

あるとき、一人のお腹をすかせたバラモン僧が森の中にやって来て、食べ物を求めて歩いていました。カワウソは、その姿を見て、前日に捕まえていた魚をそのバラモンに差しあげました。猿は、山の果物をとっていたので、それを差しあげました。また山犬は、前日にとっていた肉片を、口にくわえて持って来て差しあげました。

ところが、うさぎは、前日探し歩いたにもかかわらず、なんの餌も得られなかったうえ、この日も何も見つけられなかったので、バラモンに差しあげるものを何も持ち合わせていませんでした。そこで、うさぎが思いついたのは、枯れ枝などを拾い集めて火を燃やし、そのなかに身を投げ入れ、自分自身を焼いてその肉を食べてもらうことでした。

うさぎは枯れ枝に火をつけて、バラモンに言いました。「わたしはここに飛び込みます。焼けたわたしの肉を食べてください」こう言って、火の中に飛び込みました。ところが、不思議にもその火は、うさぎの毛一本も焼くことはありませんでした。

バラモンは、本当は帝釈天《たいしゃくてん》の仮の姿であったのです。うさぎの心が本物かどうかをためすためにやって来たのです。帝釈天は、徳のある人に自分自身の肉体をも差し出そうとする、うさぎのやさしく尊い本心を知って深く感動し、燃えさかる火を冷たい火に変えたのです。そして、その徳を永久に銘記《めいき》するために、月の表面にうさぎの似姿を描き記したといいます。

ここに紹介したお話は、『ジャータカ』第三百十六話に伝えられています。日本で月の中で餅つきをしているといわれる月のうさぎの話も、本来仏教のなかでは、慈悲をあらわす尊い話として登場しています。

お釈迦さまは、前世においてこのような優しい心を持ち、慈悲による利他行をなされたので、さとりを得ることができましたと、弟子や信者に説かれることが多いのです。ただここでは、お釈迦さまの布施行《ふせぎょう》がほかの動物に比較してより深いものであることが、帝釈天によって試されているようにみえるのも、興味深いことです。

「慈悲」としての利他行

インドでは、さまざまな神さまが信仰されましたが、仏教でも有名な梵天《ぼんてん》はサンスクリット語でブラフマーといい、ヒンドゥー教徒にとっては世界創造の神です。ヒンドゥー教は多神教ですが、そのなかでブラフマーは最高の神です。白衣をまとい、白馬あるいは孔雀《くじゃく》にまたがった姿で、ヴィシュヌ神のへそから生じる蓮華の上に座った姿で表現されています。ブラフマー神は宇宙を創造し、ヴィシュヌ神はそれを維持し、シヴァ神がそれを破壊する、といわれています。お釈迦さまが成道《じょうどう》した（おさとりを得た）ときに、「この世には、教えを聞けば理解できる人がいる。マガダ国には汚れた者たちが考えた不浄な教えが広まっている」という理由から、教えを広めるように礼をつくして勧請《かんじょう》したのも、ブラフマー神（梵天）なのです。

先の説話では、すべての動物がバラモンに食べ物を与えるという布施行を行っています。その動物のなかで、猿は果物を探し求めたように、仏教では、この世からあの世へあちこちさまよう、煩悩や妄想が盛んな動物として例えられる場合が、多くあります。うさぎだけが、自分の身体を惜しむことなく投げ出すという、ほかの動物以上の布施行をなしました。このような非常に優しい心からほかのものを慈しんだうさぎを見て、帝釈天はうさぎを炎から守ったのです。しかも、この慈悲心は、同じ動物に対してではなく、人間（バラモン）に対してなされていることを見過ごしてはなりません。『ジャータカ』は、最後はハッピーエンドとなる話が大半ですが、前世のお釈迦さまは、このような慈悲心からの利他行を実践されたので、次の世には、さとりを開かれるような方になったといわれています。

仏教が人間の生きる依りどころとなるのは、「慈悲」を説くからだといわれてきました。それほど「慈悲」は、仏教にとって大事な教えであります。争いや殺《せっ》生《しょう》、対立のない人間関係を築くには、他人に対する温かい思いやりを持つ必要があります。そして、その温かい思いやりは、我執《がしゅう》を離れたところから起こってくる心情であろうと思われます。この話を通して、私どもは自分はどうなのかを問うてみなければ、この説話をされたお釈迦さまの思いが活きてこないのではないでしょうか。

悪人であるからこそ

親鸞聖人のお弟子である唯円房《ゆいえんぼう》が綴ったとされる『歎異抄《たんにしょう》』の第三条には、

善人《ぜんにん》なほもつて往生《おうじょう》をとぐ。いはんや悪人《あくにん》をや。しかるを世《よ》のひとつねにいはく、「悪人《あくにん》なほ往生《おうじょう》す。いかにいはんや善人《ぜんにん》をや」。この条《じょう》、一旦《いったん》そのいはれあるに似《に》たれども、本願他力《ほんがんたりき》の意趣《いしゅ》にそむけり。そのゆゑは、自力作《じりきさ》善《ぜん》のひとは、ひとへに他力《たりき》をたのむこころかけたるあひだ、弥陀《みだ》の本願《ほんがん》にあらず。しかれども、自力《じりき》のこころをひるがへして、他力《たりき》をたのみたてまつれば、真実報土《しんじつほうど》の往生《おうじょう》をとぐるなり。煩悩具足《ぼんのうぐそく》のわれらは、いづれの行《ぎょう》にても生死《しょうじ》をはなるることあるべからざるを、あはれみたまひて願《がん》をおこしたまふ本意《ほんい》、悪人成仏《あくにんじょうぶつ》のためなれば、他力《たりき》をたのみたてまつる悪人《あくにん》、もつとも往生《おうじょう》の正因《しょういん》なり。よつて善人《ぜんにん》だにこそ往生《おうじょう》すれ、まして悪人《あくにん》はと、仰《おお》せ候《そうら》ひき。

（『註釈版聖典』八三三―八三四頁、傍線筆者）

（善人でさえ浄土に往生することができるのです。まして悪人はいうまでもありません。ところが世間の人は普通、「悪人でさえ往生するのだから、まして善人はいうまでもない」といいます。これは一応もっともなようですが、本願他力の救いのおこころに反しています。なぜなら、自力で修めた善によって往生しようとする人は、ひとすじに本願のはたらきを信じる心が欠けているから、阿弥陀仏の本願にかなっていないのです。しかしそのような人でも、自力にとらわれた心をあらためて、本願のはたらきにおまかせするなら、真実の浄土に往生すること

ができるのです。『歎異抄（現代語版）』八頁）

と述べられます。

冒頭では、「善人でさえ往生することができるのです。まして悪人は」と述べられます。この場合、親鸞聖人のいわれる往生をとぐ「善人」とは、自力作善《じりきさぜん》の心を翻《ひるがえ》した人となりますが、世間の人がいう「善人」とは、阿弥陀さまの本願をたのまない自力作善の「善人」です。この冒頭部分の解釈で、よく「善人は救われるのが当たり前で、悪人でも救うのが弥陀の本願だ」と解釈される場合がみうけられます。これでは、文中の世間の人が考える捉え方と同じです。しかも、このような解釈に「悪人でも」と「でも」という言葉をつけて解釈しているところに、解釈上の問題、自分本位な視点の高さを感じます。逆に言えば、阿弥陀さまの慈悲の眼の高さに立てていない視点を感じるのです。実は私自身も、この「でも」というものの見方がどういう立場で間違っているのかを理解するのに、時間を要しました。

ところで、次のような指摘が、この「でも」という見方の問題を理解する助けとなるのではないでしょうか。河田光夫《みつお》氏は、『親鸞と被差別民衆—靖国・同和問題研究資料—』(真宗大谷派宗務所出版部)のなかで次のようにいわれています。

私は大学を出てから定時制高校にずっと勤めています。毎年甲子園球場で昼間の高校生の野球大会がある間、神宮球場で定時制の高校生の軟式野球大会があります。去年(一九八三年)、そこに総理大臣の中曽根氏が行きまして、挨拶している言葉が非常になつかしく聞こえました。昼働いて、夜、一生懸命勉強しているにもかかわらず、皆さんは非常に明るくて、という形で定時制の生徒たちのことを言っていました。なつかしいというのは、私が実は、はじめて大学を出て定時制に勤めた時、感じたことがそれだったんです。頭の中だけで描く定時制の生徒像というのは、昼間働いて夜勉強しているから、グッと歯を食いしばって、仕事の疲れに耐えて、一生懸命勉強しに来ているんだなあと、こう思って行くとですね、何か非常に明るいわけですね。それで今日は授業がないっていうたらワッーと喜ぶし、そんなところは昼の生徒といっしょなんですが、しかし、昼の生徒とはまた違って非常に明るい。その時私が感じたのが、さっきの中曽根氏の話といっしょで、昼間働いて、夜勉強する。そういう苦労しているのに明るい。のにという逆説なんですね。何々にもかかわらず明るい、という見方だった。それが崩れるまで私も数年かかりました。そうじゃない、〝のに〟じゃなくて〝そうであるから〟明るさを持っている訳なんですね。苦労して働いている、だから明るさがある。また、定時制の生徒の持っている温かさ、特に定時制の中で被差別生徒なんかが持っている、思いやりの温かさなんてのも、これも感じとるまでに長い年月がかかります。

（二一三頁、傍線筆者）

この後、河田氏は「苦労しているのに」ではなくて「苦労しているから」、そういう人間的輝きを持つことができるのだということに気づいたときに、親鸞聖人の論理に気がついたといわれます。「悪人でも往生するんだ」「悪人なのに往生するんだ」ではなくて、「悪人であるから往生するんだ」「悪人であるからこそ、ひとえに他力をたのみたてまつるんだ」という立場です。

私は、この「でも」から「こそ」への視点の転換こそが、親鸞聖人の思想理解には欠かせないものであると感じています。

私たちは、つい「〜なのに何々だ」「〜でも何々だ」という言い方をしがちです。しかし、ここに人を差別し見下しているという、自分の視点の高さに気づいていません。こういう私たちですから、先のお釈迦さまが慈悲心をもたれた視点や阿弥陀さまの視点に立つこともなかなかむずかしいといえましょう。

では、親鸞聖人はなぜ、悪人こそが救われていくのだという視点を持ちえたのでしょうか。

慎みたしなむ思い

親鸞聖人は、真実を求め続けて生きられた方です。その生涯は、真実なる教えの鏡に自己を映して、徹底的に自身を凝視された人生でした。深く自分の内面を省みられ、ごまかしなく生きられたのです。ですから、親鸞聖人は、

外《ほか》に賢善精進《けんぜんしょうじん》の相《そう》を現《げん》ずること得《え》ざれ、内《うち》に虚仮《こけ》を懐《いだ》ければなり。

（『愚禿鈔』、『註釈版聖典』五一七頁）

といわれます。外見には、賢そうな、善人らしい、努力家のような、見せかけのりっぱな姿をするなというのです。なぜならば、自分の内面は虚仮をいだき、欲望・煩悩から離れることができないからです。いつも一生懸命に何らかの利益をつかもうと、心の内でもがいているからです。そういった生き方の虚しさをしみじみと感じていかれたのが親鸞聖人です。ですから自らを「愚禿《ぐとく》」と名乗られ、悪人と深く自覚されていました。

また同時に、このような私のために阿弥陀さまの本願が説かれていたのですと、阿弥陀さまの本願の世界を見つめて生きられたのも親鸞聖人です。『教行信証』「行文類」には、源信僧都《げんしんそうず》の『往生要集《おうじょうようしゅう》』を引かれて、

慈眼《じげん》をもつて衆生《しゅじょう》を視《み》そなはすこと、平等《びょうどう》にして一子《いっし》のごとし。

（『註釈版聖典』一八四頁）

（仏は慈悲の眼《まなこ》で衆生を平等に、またただ一人の子供のようにご覧になる。『顕浄土真実教行証文類（現代語版）』一〇五頁）

と述べられ、阿弥陀さまの眼は、衆生を社会的な地位や身分ではなく、平等に自分の一人子のごとく、私たちをみられていると説いておられます。聖人は、この阿弥陀さまのご本願の深意を見いだされたと言ってもいいでしょう。この仏意に出遇《であ》われたからこそ、先の悪人正機《あくにんしょうき》の立場に、「悪人でも」ではなく「他力をたのみたてまつる悪人こそ」が救われる道を示されたのでしょう。

しかしながら、この悪人正機の教えはややもすると誤解を招き易く、悪いことをしても救われるのだという理解を生んだようです。親鸞聖人が書かれたお手紙を拝見しますと、当時、この問題が常陸《ひたち》一円で問題となっています。信願房《しんがんぼう》・信《しん》見房《けんぼう》・善証房《ぜんしょうぼう》というような人たちの率いる一派が、風紀を乱すような行動をとり、念仏は社会秩序を乱すものとして訴えられたため、親鸞聖人はしばしばお手紙で、このような行動を誡められています。これは例えば、酒の弊害を知ったものは酒を慎み、毒の恐ろしさを知ったものは毒を避けるようなもので、親鸞聖人も、

われ往生《おうじょう》すべければとて、すまじきことをもし、おもふまじきことをもおもひ、いふまじきことをもいひなどすることはあるべくも候《そうら》はず。

(『親鸞聖人御消息』、『註釈版聖典』七四四頁)

仏《ぶつ》のちかひをききはじめしより、無明《むみょう》の酔《え》ひもやうやうすこしづつさめ、三《さん》毒《どく》をもすこしづつ好《この》まずして、阿弥陀仏《あみだぶつ》の薬《くすり》をつねに好《この》みめす身《み》となりておはしましあうて候《そうろ》ふぞかし。

(『同』、『註釈版聖典』七三九頁)

と述べられるように、迷いを迷いと知らされ、煩悩を煩悩と気づかされた者は、次第にその酔いから醒《さ》めて、救いの法の正しい道を楽しむようになるとされています。

ですから、仏さまの智慧に照らされて自分の醜さに気づかされ、しかもこの私を救うという意味が本当に知らされたものならば、悪い事をしてもかまわないという邪険なふるまい（行為）や思いが起こらないというのが当然でしょう。自分自身の痛みを知り、自然にその行動を慎みたしなむ思いにかられてくるのです。

朋《とも》に歩む

さて、このような痛みを知って生きる人には、同じ仲間・同朋としての意識も生まれてくるものです。親鸞聖人は同朋・朋友という言葉を使われますが、「朋」という字は月偏に月と書きます。「月」は身体を現す文字であり、月偏が二つあるということは身体と身体をつき合わせてともに歩むということです。こういった仏さまの心に出遇った行者には、同朋としての意識や社会的実践も生まれてくるものだと思います。

小慈小悲《しょうじしょうひ》もなき身《み》にて
有情利益《うじょうりやく》はおもふまじ
如来《にょらい》の願船《がんせん》いまさずは
苦海《くかい》をいかでかわたるべき
（『註釈版聖典』六一七頁）

（わずかばかりの慈悲さえもたないこの身であり、あらゆるものを救うことなど思えるはずもない。阿弥陀仏の本願の船がなかったなら、苦しみに満ちた迷いの海をどうして渡ることができるであろう。『三帖和讃（現代語訳）』一八四頁）

と述懐された『正像末和讃《しょうぞうまつわさん》』（九八）により、信心を獲《う》れば救われるので自分には社会的実践は必要ないのだとの声も聞きます。しかし、この言葉は、慈悲に生きようとしている自分でありながら、小慈小悲も実践できない私です、と痛みを述懐された親鸞聖人の言葉であるという意を理解すべきであろうと思われます。親鸞聖人は、けっして社会的実践・慈悲の実践を否定されているのではないのです。

お釈迦さまは、夏の雨期の時期が近づくと、土から出てくる小さな虫たちを足で踏み殺さないようにするため、外出を控えたといわれます。現代の私たちは、核家族化のなかで親子の同居すらむずかしい時代となり、大きな動物を飼える環境にいる人は、それ以上に少なくなりました。そのようななか、先の〝たまごっち〟に夢中な子ども達は、小さな動物や命の重みを考えることはあるのだろうかと心配になります。また、こんな社会状況において、親鸞聖人の教えも理解しがたい状況になりつつあるのではと危惧《きぐ》しています。

『正像末和讃』（三六）には、

無明《むみょう》長夜《じょうや》の灯炬《とうこ》なり

智眼《ちげん》くらしとかなしむな

生死《しょうじ》大海《だいかい》の船筏《せんばつ》なり

罪障《ざいしょう》おもしとなげかざれ

（『註釈版聖典』六〇六頁）

（阿弥陀仏の本願は、無明煩悩の暗く長い闇を照らす大きな灯火《ともしび》である。智慧の眼が暗く閉ざされているといって悲しむことはない。そのはたらきは迷いの大海を渡す乗りものである。罪のさわりが重いといって嘆くことはない。『三帖和讃（現代語版）』一五一頁）

と、阿弥陀さまの本願は闇の夜の灯火であるといわれています。私どもは、お念仏のみ教えを伝えることを通して、少しでも多くの人々に、命の重みや慈悲の心を開いてもらうことができるのではないでしょうか。またそれが、阿弥陀さまのご恩に報いることにもなるのではないでしょうか。そのためには、先ず私自身がお念仏のみ教えのもと、ごまかしなく生きていくことが大事になるように思います。

私自身も子どもを恵まれ、親としての新しい視点を与えられています。しかも、その命はリセット不可能なかけがえのない命です。子どもの視点に立って共に、いや朋《とも》に歩めればと思っています。

浄土真宗の実践

教化活動と生活の隔たり

「浄土真宗の生活信条」は、一九五八（昭和三十三）年四月十六日に、大谷本廟親鸞聖人七百回大遠忌法要「御満座《ごまんざ》の消息《しょうそく》」において、第二十三代門主・勝《しょう》如《にょ》上人がお示しになったものです。親鸞聖人のご一生を鑑《かがみ》として、おのおのうるわしい信仰生活にいそしまれるようにとの願いから示されたのでありました。

浄土《じょうど》真宗《しんしゅう》の生活信条《せいかつしんじょう》

一《ひとつ》、み仏《ほとけ》の誓《ちか》いを信《しん》じ　尊《とうと》いみ名《な》をとなえつつ

強《つよ》く明《あか》るく生《い》き抜《ぬ》きます

一《ひと》つ、み仏《ほとけ》の光《ひか》りをあおぎ　常《つね》にわが身《み》をかえりみて
感謝《かんしゃ》のうちに励《はげ》みます

一《ひと》つ、み仏《ほとけ》の教《おし》えにしたがい　正《ただ》しい道《みち》を聞《き》きわけて
まことのみのりをひろめます

一《ひと》つ、み仏《ほとけ》の恵《めぐ》みを喜《よろこ》び　互《たがい》にうやまい助《たす》けあい
社会《しゃかい》のために尽《つく》します

（『日常勤行聖典』）

ところで、近年、浄土真宗本願寺派での各組織・団体や研修会が充実するのに

反比例して、お寺へのお参りが減少し、生活のなかに仏教・真宗が活きていない状況が、私の住んでいる地域でも多くなりました。真宗門徒の生活のなかに、この生活信条の営みが見られない状況になっているのです。例えば、葬儀を執り行う際に、よく世間では「友引」にお葬儀を執り行うのは、共に（友が）引き合うといい、死を招くから縁起が悪いといわれます。浄土真宗は「友引」等の日柄の良し悪しを問いませんので、「日柄を気にしなくてよいのですよ」とお話しする場面があります。

しかし、「世間の人が避けるのだから葬儀に友引の日を避けたい」と答えられる場合が多くあります。

第二十四代門主・即如《そくにょ》上人は、

友引に葬式をすると、そのうちに誰かまた亡くなります。友引を避けてお葬式をしても、やはり、誰か亡くなります。

（コルモス・大谷光真・中川秀恭編『現代における宗教の役割』七四頁、東京堂出版）

と答えるとおっしゃっています。

死を避けられない世、無常なる世に生きているのが私たちである、という事実をお伝えすることが大事ですが、どうも私の力量不足で、もう一つ深い言葉を掛けられないジレンマに陥っています。

平生から聴聞《ちょうもん》や各種研修会へ積極的にご参加いただき、正しいみ教えの理解とそれにもとづく生活を営むことが大切なのですが、どうやら仏教・真宗は死後のことを述べているというイメージがいまだに強く、仏さまの言葉や僧侶の発言に、その判断基準の重きが置かれていないようです。

僧侶や門徒推進員さんたちの一層の伝道教化活動が必要ではありますが、念仏相続すべき家族や家庭環境の変化はあまりに激しく、生活のなかで既にみ教えが消えつつあると思われる状況になってきています。お念仏を中心とした家庭ではなく、家庭のみが存在し、生活の中心から仏教・真宗のみ教えが離れているのです。

二〇〇五（平成十七）年一月九日の御正忌報恩講《ごしょうきほうおんこう》において、即如上人から「親鸞聖人七百五十回大遠忌についての消息」が発布されました。そのなかで、

今日、宗門を概観しますと、布教や儀礼と生活との間に隔たりが大きくなり、寺院の活動には門信徒が参加しにくく、また急激な人口の移動や世代の交替にも対応が困難になっています。

と、お示しになっておられます。

一方では、イスラム文化圏でおこる多様な出来事の背景をみますと、生活のなかに宗教が浸透しているという点が挙げられます。その出来事の是非はさておいて、狐野《この》利久《りきゅう》氏は『イスラームのこころ　真宗のこころ』のなかで、次のような指摘をされています。

イスラームの宗教はアッラーご自身によって、「汝らの宗教」として建立された宗教です。（中略）生活そのものがアッラーと結びついた生活をしているムスリムにしてみれば、皿を落として割ろうが、時間に遅れようが、「イン・シャー・アッラー」なのですね。そして、私たち真宗門徒の生活も、すべてを阿弥陀さまにおまかせしている限り、明日のことも、いや、一寸先のことも、「阿弥陀さまのお心ならば」という気持ちでなければならないものかもしれません。ところが明日のことも、さらにその先のことも自分の都合で決めてしまうのが、私たちなのですね。

(『イスラームのこころ　真宗のこころ』三七—四四頁、法藏館)

多くの日本人にとって、イスラームのこのような「イン・シャー・アッラー(もし神が望みたもうなら)」といわれるような背景や信仰態度は、理解されにくい状況となっているのです。

実践による精神的姿勢の養育

ではいま、どのような布教伝道方法が考えられるのでしょう。親鸞聖人はお手紙に「世《よ》をいとふしるし」(『親鸞聖人御消息』、『註釈版聖典』七四二頁)という言葉を述べられています。

この「しるし」という言葉の理解について、霊山勝海勧学《よしやましょうかいかんがく》は、「信人の現世的営み（中略）社会的実践として問題にされるところである」（「信の社会性―世をいとふしるしについて―」『末灯鈔講讃《まっとうしょうこうさん》』三〇五―三〇六頁、永田文昌堂）とされるのですが、それは、

恣意性《しいせい》の否定という心の内面の態度として扱われているというべきであろう。（『同』三一二頁）

と理解され、親鸞聖人においては、具体的実践の上で教条的には「世をいとふしるし」を語られないという特徴がある、といわれています。実際、聖人は「世をいとふしるし」としての具体性・実践については、多くを語られていません。しかし霊山師は、

具体的実践を語らぬことは、また、あらゆるなまの生活実践の上に投影され現行する精神的姿勢をもつということにもなるであろうと考えられる。

（『同』三一三頁）

とも指摘されています。

確かに親鸞聖人は、

たとひ牛盗人《うしぬすびと》とはいはるとも、もしは善人《ぜんにん》、もしは後世者《ごせしゃ》、もしは仏法者《ぶっぽうしゃ》とみゆるやうに振舞《ふるま》ふべからず

（『改邪鈔《がいじゃしょう》』、『註釈版聖典』九二二頁）

と仰せられたといわれています。

本来、真宗の生活信条は、真実の智慧によって人間の実存が明らかになってく

るという営みのなかで真宗的生活が開かれ、そのことによって成立するものでしょう。またそれは、阿弥陀仏のみ教えは、喜怒哀楽《きどあいらく》という現実の生活を除いては出遇う場所がないということでもあります。そこで、最近の私は逆に、生活のなかに仏教的行為を具現化し、実践して、精神的姿勢を養うという方法はどうであろうか、と考えています。

なかでも身近な人の死を通して、「いのち」の問題、いまの私の「いのち」を考えることは、非常に大切なことではないでしょうか。かつて、お年寄りがお仏壇に頂き物をお供えしてから頂戴したという姿も、核家族化がすすむ現代では目にすることがむずかしいでしょう。現代の若い世代に生活環境に即した小さなお仏壇を贈るということも、その一助ではありますが、それ以前に、生活のなかに「いのち」や仏教を問うという機縁作りが大切かと思われます。それが聞法《もんぼう》へとつながり、生活信条の営みが日々のなかに持てれば、なおよいでしょう。生活のなかで仏教・真宗を問う機縁としての具体的行為の具現化をし、聞法への一助とするのも、今後の布教伝道方法では必要ではないかと愚考している今日この頃です。

私の恩師である浅野教信《きょうしん》勧学は、よく真宗には実践運動の根拠となる言葉がない、と指摘されていました。「和顔愛顔《わげんあいご》」「柔和忍辱《にゅうわにんにく》」「少欲知足《しょうよくちそく》」など、仏教一般での言葉が実践の根拠として指摘されることもありますが、「世をいとふしるし」といわれた親鸞聖人のお言葉も見逃してはならないように思います。

第三章　信心をいただくとは

無常の風のなかで

葬儀の場に接して

一九九〇年代当時を思い起こしますと、葬儀を取り巻く状況も一変してきました。当時、私の地元の萩市では、火葬場もガスバーナーで、葬祭業界でいう骨葬が普通でした。朝から、出棺《しゅっかん》・火葬・収骨・葬儀・初度《しょど》法事（添え法事）といった順番で、早いときには午前六時から火葬場に行った記憶があります。葬儀開始時間はちょうど正午頃というのが地元では基本的な時間で、お昼の葬儀ですので、会葬者もたくさんであったことが思い出されます。しかも、そのほとんどがお寺の本堂での葬儀でした。会葬者で本堂も満堂で、人が入りきらない葬儀も珍しくはありませんでした。

若い世代が地方から都会に出て生活するようになった影響からか、近年は地方にも新たな形式による葬儀の波が押し寄せてきました。寺院や自宅での葬儀はほとんどなくなり、最近では、冷暖房などの環境が整った、いわゆる葬儀会館での葬儀が多くなりました。荘厳な雰囲気の本堂での葬儀から、行き届いてはいるけれども宗教味のない、形ばかりの葬儀が増えた気がします。

私の地元では、葬儀の後に引き続いて初度法事（添え法事）を行っています。本願寺派の葬儀規範でいえば還骨勤行《かんこつごんぎょう》に相当するものですが、ここで最後に拝読されるのが、蓮如上人の『御文章』です。

すでに無常《むじょう》の風《かぜ》きたりぬれば、すなはちふたつのまなこたちまちに閉《と》ぢ、ひとつの息《いき》ながくたえぬれば、紅顔《こうがん》むなしく変《へん》じて桃李《とうり》のよそほひを失《うしな》ひぬるときは、六親眷属《ろくしんけんぞく》あつまりてなげきかなしめども、さらにその甲斐《かい》あるべか

らず。　　（『御文章』五帖目第十六通、『註釈版聖典』一二〇三―一二〇四頁）
（すべてのものが移り変わるという道理のなかで死の縁という風が吹いたならば、二つの眼はたちまちに閉じて呼吸も永遠に途絶えて、血色の良かった元気な顔も変わり果て、桃やすもものような美しかった容姿も消え失せてしまいます。父母兄弟妻子親戚などが集まってどんなに嘆き悲しんでも、どうしようもありません。〈現代語訳筆者〉）

この『御文章』は「白骨章」と呼ばれています。いつも住職（当時）である父がこの『御文章』を拝読し、私は脇で拝聴しながら、亡くなられた方の生前を想い浮かべます。親しく言葉を交わしたご門徒さんが亡くなられたときには、深い悲しみを覚えます。また、その死があまりに突然であった方には、さぞご親族は悲しくやりきれないであろうと想いつつ、この『御文章』を拝聴しました。

人との別れ、それはいつ来るのか予測できるものではありません。予測できるとするならば、さぞ一日一日が重要な時間になるでしょうが、いたずらに暮らし、明日があると思って生きているのが、私の現実の生活です。だからこそ、交通事故などで突然に亡くなられた場合には、余計に親族の方には言葉のかけようがありません。日頃、念仏を称え仏法を慶ばれたご門徒さんなら、なおさらです。念仏者としては、間違いなく往生をさせていただき、生死流転《しょうじるてん》を離れていることでしょうから、仏法のうえでは本来ならば喜ぶべきことかもしれません。けれども、これを身内の人の感情に置き換えた場合には、突然の死ほど悲しいものはありません。

これが「無常」なのですといえば、それまでかもしれません。しかし、人間の情はそうとは割り切れないものです。一九八五（昭和六十）年に、日本航空の飛行機事故（日本航空一二三便墜落事故）でたいへんたくさんの方が亡くなられました。その数日後に葬儀が行われましたが、なかには遺体が確認できないまま、葬儀を執り行った方もあったようです。また、ある本には、手足が見つかっても胴体と頭が見つからず、最後まで諦めきれないで捜索されている方のことが書いてありました。まだ死を現実とは受け取れない思いと亡き人への深い感情が、そのようにさせているのでしょう。

お子さんを亡くされた場合もそうです。一休禅師《いっきゅうぜんじ》が申されたように、「親が死に、子が死に、孫が死ぬ」という順番で亡くなったならば、ある程度、人生の道理として受け入れられますが、逆の場合はとてもやりきれません。僧侶としてそのような場面にもしばしば出合います。そこから、仏法に縁を持つお若い方も多くおられます。しかし、多くの場合、なかなか残された家族は死を受け入れることができません。そのとき、葬儀は果たして世間一般で告別といわれているような別れの場であるのか、また本当に浄土真宗でいう、仏法の縁をいただくべき場であるのか、疑問に思うことがあります。

残された家族によっては、あくまで通過的な一儀礼である場合もあれば、その死さえも納得できず受け入れられない場合もあります。一応の火葬や埋葬に関する法律や、一宗派としての葬儀の取り決めはありますが、葬儀の形態に関しての法律は特にありません。そういうことからしても、ご遺族が死という現実を受け入れて納得されるまでは、葬儀を行わない場合があってもよいのではないかと感じるときさえあります。

ただ、現実はなかなかそうは許してくれません。葬儀という儀式を通して、突然の事故で亡くなった方を死者として、皆が認め受け止めていかざるをえないのです。果たしてこういう場合に、僧侶はいかに対処するべきなのかと考えさせられる私の現状があります。

仏教でいう無常

ところで、「無常」という言葉を日常で使う場合、私たちはあまり良い意味として は使っていません。例えば、自分の大事に使用しているものが不慮《ふりょ》の出来事で壊れたりした場合に、「あーっ、これも無常である。形あるものはみな壊れる」などと、さとったようにしかたなく諦めます。また、花びらの散る姿を見て無常だという場合もあり、突然の人の死の場合もそうでしょう。

では、本来、仏教でいう「無常」とは、どのような意味なのでしょうか。「無常」という概念が、お釈迦さまが説かれた仏教の真理の一つだということは、周知のことでしょう。しかし「無常」とは、何も悪い概念にだけ使うものではありません。子どもが生まれるのも無常であれば、新しく木々の芽が出るのも無常であり、何も変化をしていないように見えるものでさえ、無常のなかにあるといわなければなりません。万物の事象がすべて、一々が無常であり、無常のなかにしか生きていないのです。ですから、お釈迦さまは「諸行無常《しょぎょうむじょう》」といわれたのです。

すべての事象は相対的な相互関係のなかにあり、常なる存在はありえません。刹那《せつな》刹那に刻々と変化しています。「諸行」とは一切の事物や事象を指し、「行」とは、わかり易くいうならば移り変わるという意味で、一切の現象が移り変わる変動をいいます。存在の変動的な在り方を意味するとともに、その変動的な在り方により変化のなかにある事物を指す場合もあります。「無常」は「常住」でないものの意味で、常に変化しているという意味です。言葉を分解して捉えるならば、こういう意味になります。

しかし、変動的な実物や事象が無常となりますと、無常なるものを無常といっているようで、いま一つしっくりしません。「あなたは無常のなかにいる」と言った場合に、「あなた」という存在すらも、実は固定しているものではなく常に変化しているからです。これは、なにも人に限ったことではなく、机であろうが、椅子《いす》であろうが、すべてがそうなのです。常に空気にさらされて酸化している場合もありましょうし、また水を得て活き活きする木々もあるでしょう。ところが、私たちはなかなかその変化のなかに生きていることを認識しづらいのです。他人が歳を取ったり白髪《しらが》が増えたりすることはすぐに口にするのに、自分のことはまだまだ若いと感じています。固定的に事象を見ているのです。

先日も、母が「最近は、新聞の字が見えにくくなった」ともらしていました。私は、「それならいつも眼鏡をかけたら?」と言いました。しかし、母は「まだ若いから大丈夫」と言い張るのです。いわゆる老眼なのですが、自分の身体の変化一つにしても認めにくいのが現状でしょう。これは、自分はまだ変わりないのだと、固定的にものを見ていることの一例です。とするならば、私は数日前の私とは身体の細胞ひとつひとつを取っても、常に変化していることになります。では別の私になったかといいますと、現実はそうではなく、変化しているただなかの自己を継続して認識しているので、別の人間だとはいえません。矛盾的な存在でありながら、連続しているともいえるのです。

無常のなかにいる私

そして、その存在の変化のなかでつながっている自己とは、また縁起のなかに成立している自己でもあります。矛盾的な存在である自己を通して矛盾でない自己を知り、変動している存在をありのままに知る智慧を、「空《くう》の智慧」と言い換えることができます。「空」などといいますと、何か掴《つか》みどころがないように感じられるかもしれません。別の言葉で言い換えることができるならば、「無相」ともいうことができます。「無相」とは、あらゆる相、つまりあらゆる形を取り、因縁生起しているということです。私という存在も実はそのなかにあります。しかもその私は、父と母の間に生まれてきました。また、こうして生活しているのも、食べ物や水や他人の導きのおかげです。このような縁によって、実は私の存在が成り立っているのです。

この縁起のなかに生きている私は、連続しているとも断絶しているともいうことができません。この縁起の流れを知ることは、また無常を無常と知ることでもあります。このありのままにものを見ることを、「如実知見《にょじつちけん》」とお釈迦さまはいわれました。実は仏教でいう「諸法無我《しょほうむが》」も、「諸行無常」を多くの縁起によって生じた法則性として、法の立場から捉えた言葉であり、その意味するところは同じで、「諸行無常」を別角度から捉えた言葉といえます。

この無常なるものの存在を、仏教では「苦」以外のなにものでもないと教えています。一生の間において、生老病死《しょうろうびょうし》などの四苦八苦のなかに生きているのがこの私です。その苦しみを苦しみと知り、苦しみの輪廻《りんね》から解脱することが、仏教の目指すさとりです。

ではどうしたら、このさとりである涅槃の境地に到達できるのでしょうか。そのために、仏教では、「八正道《はっしょうどう》」や「戒《かい》・定《じょう》・慧《え》」の三学《さんがく》といわれる実践道を説いてきたのです。わかり易くいうならば、「戒」とは身《しん》・口《く》・意《い》（心）の三業の過失を防ぐためのもので、五戒や十戒などの戒がこれにあたり、「定」はその実践により心が安らかな状態となることです。「慧」とは定によって真理をさとることなのです。

親鸞聖人の求道

ところで、親鸞聖人が求められたものは何だったのでしょうか。あの比叡山での二十年にも及ぶ修行は、ひとえに「生死出《しょうじい》づべき道《みち》」（『恵信尼消息』第一通、『註釈版聖典』八一一頁）を求められてのことでした。迷いと苦しみと無常から解脱するための法を求められたのです。比叡山《ひえいざん》での修行は、まさにこの真理をさとるための実践にほかならなかったのです。

しかし、聖人の二十年に及ぶ修行の結果は、苦悩以外のなにものでもありませんでした。修行すればするほどに、自身はさとりから遠ざかる存在であることを感じられたからです。それは、どれほど辛い思いであっただろうと想像します。心の中の思いと反して生きている自分。この矛盾のなかで、聖人は比叡山を後にされました。堂僧《どうそう》という立場であった親鸞聖人が比叡山を下りられたのは、未完成の修行のなかで、どこまでも仏に近づけない自分であるということを凝視された結果ではなかったかと思います。

その後、六角堂に参籠《さんろう》された親鸞聖人の心を思いますと、藁《わら》にもすがる思いであったでしょう。そして、聖徳太子の示現《じげん》により法然聖人の元に向かわれ、そこで選択本願《せんじゃくほんがん》の念仏に出遇われたのです。それは、まさに『教行信証』総序《そうじょ》にい

われる、

ここに愚禿釈《ぐとくしゃく》の親鸞《しんらん》、慶《よろこ》ばしいかな、西蕃《せいばん》・月支《げっし》の聖典《しょうてん》、東夏《とうか》（中国）・日《じち》域《いき》（日本）の師釈《ししゃく》に、遇《あ》ひがたくしていま遇《あ》ふことを得たり、聞《き》きがたくしてすでに聞《き》くことを得《え》たり。真宗《しんしゅう》の教行証《きょうぎょうしょう》を敬信《きょうしん》して、ことに如来《にょらい》の恩《おん》徳《どく》の深《ふか》きことを知《し》んぬ。ここをもつて聞《き》くところを慶《よろこ》び、獲《う》るところを嘆《たん》ずるなりと。

（『註釈版聖典』一三二頁）

（ここに愚禿釈の親鸞は、よろこばしいことに、インド・西域《さいいき》の聖典、中国・日本の祖師方の解釈に、遇《あ》いがたいのに今遇うことができ、聞きがたいのにすでに聞くことができた。そしてこの真実の教・行・証の法を心から信じ、如来の恩徳の深いことを明らかに知った。そこで、聞かせていただいたところをよろこび、得させていただいたところをたたえるのである。『顕浄土真実教行証文類（現代語版）』五

――六頁）

という思いであったのです。

いま、私たちはこの親鸞聖人の求道を通して、阿弥陀さまの真実の法を聞かせていただくことができます。しかし、そのみ法に私が真に出遇っているのかどうかということについては、よくよく注意しなければいけません。お寺で浄土真宗のお説教を聴聞しつつ、先祖供養に専念する人。自分に悪いことが起こったときに、仏さまや先祖を軽んじたからだと思い、お願いに来る人。浄土真宗の法義にかなわない多様な用件が僧侶の日常を取り巻きます。親鸞聖人は、

善悪《ぜんあく》のふたつ、総《そう》じてもつて存知《ぞんじ》せざるなり。そのゆゑは、如来《にょらい》の御《おん》こころに善《よ》しとおぼしめすほどにしりとほしたらばこそ、善《よ》きをしりたるにてもあ

らめ、如来《にょらい》の悪《あ》しとおぼしめすほどにしりとほしたらばこそ、悪《あ》しさをしりたるにてもあらめど、煩悩具足《ぼんのうぐそく》の凡夫《ぼんぶ》、火宅無常《かたくむじょう》の世界《せかい》は、よろづのこと、みなもつてそらごとたはこと、まことあることなきに、ただ念仏《ねんぶつ》のみぞまことにておはします

（『歎異抄』後序《ごじょ》、『註釈版聖典』八五三―八五四頁）

といわれています。私の日常で行うことが、実はすべてこの「まことなき」のなかにあります。道徳・法律で善とみなされる社会的な判断も、実は仏教的な判断基準からその心の内実をみますと、五濁《ごじょく》のなかでの出来事であるといわざるをえません。そして、

さるべき業縁《ごうえん》のもよほさば、いかなるふるまひもすべし

（『歎異抄』第十三条、『註釈版聖典』八四四頁）

と、ひとたび業縁がめぐってくれば、人さえも殺しかねないのが私です。み仏のみ光の元に、このような自身の姿を深く凝視されたあり方が、親鸞聖人の生きざまです。我が身は地獄必定であり、無常なるなかに生きている迷いの存在でしかない、といわれているのです。

念仏のみぞまこと

『阿弥陀経』には、「劫濁《こうじょく》・見濁《けんじょく》・煩悩濁《ぼんのうじょく》・衆生濁《しゅじょうじょく》・命濁《みょうじょく》」(『註釈版聖典』一二八頁)という五濁が説かれています。ここでは、私どもの生きている時代や社会が濁《にご》り、そこに生きている人々の思想が乱れ、いかり・むさぼり・妬みが盛んとなり、人間の資質が衰え、命を粗末にしているのが、五濁の世であると見られています。しかも現実世界において、実際に直接私たちを導いてくださる仏さまに出会うためには、五十六億七千万年後の弥勒仏《みろくぶつ》の出仏を待たなくてはなりません。現在は無仏の時であり、このような無仏で汚れている時代には、修行という行為そのものが困難ですから、困難以外のなにものでもありません。ゆえに「難行《なんぎょう》」であるといわれています。そして、このような時代だからこそ、ひとえに阿弥陀仏を信じるということを因縁とする「易行《いぎょう》」によらなければ、浄土へは往生できないのです。こうして親鸞聖人は、往生のためのさまざまな行のなかから、「念仏《ねんぶつ》のみぞまこと」(『歎異抄』後序)と、念仏を選び取られているのです。

そのお念仏を、親鸞聖人は「阿弥陀仏の帰せよのお喚《よ》び声」であると受け取られました。阿弥陀さまが「私にまかせなさい。かならず救う」といういのちの願いをこめて、私たちをお浄土へ招き喚び続けておられます。大悲のはたらきの言葉が響いてきていることを明らかにされているのです。私が申す念仏でありながら、その念仏を私のものがらとするのではなく、お念仏に私が拝まれて、願われているということなのです。

しかし日常において、私たちは念仏を往生や成仏するための道具や、見返りを期待する手段としてはいないか、という疑問を持ちます。これは非常に注意すべきことです。そういう念仏の捉え方を、親鸞聖人は自力の念仏とされ、私のはからいを否定されています。

私がありのままに仏のいわれを信じ順じる。そのとき親鸞聖人は、救われがたい私が摂取不捨《せっしゅふしゃ》の利益《りやく》によって、正定聚不退転《しょうじょうじゅふたいてん》に住すといわれています。私が願って住する位《くらい》ではなく、阿弥陀さまのおはたらきによって、現生《げんしょう》にまさしく往生・成仏に決定した位に住せしめられるのです。この摂取不捨について、真宗高田派専修寺《せんじゅじ》蔵の国宝本である『浄土和讃』（八二）の左訓《さくん》には、

摂《おさ》めとる。ひとたびとりて永く捨てぬなり。摂はものの逃ぐるを追はへとるなり。摂はをさめとる、取は迎へとる

（『註釈版聖典』五七一―五七二頁）

と訓じられています。阿弥陀さまのご本願の有り難さが、しみじみとうかがわれます。私をひとたび迎え取ったならば、けっして放さないお救いのはたらきをいわれています。地獄必定でしかありえないこの私が、念仏をいただくことによって間違いなく救われることが決定するのです。このことを「御消息」には、

真実信心《しんじつしんじん》の行人《ぎょうにん》は、摂取不捨《せっしゅふしゃ》のゆゑに正定聚《しょうじょうじゅ》の位《くらい》に住《じゅう》す。このゆゑに臨《りん》終《じゅう》まつことなし、来迎《らいこう》たのむことなし。信心《しんじん》の定《さだ》まるとき往生《おうじょう》また定《さだ》まるなり。来迎《らいこう》の儀《ぎ》則《そく》をまたず。（『親鸞聖人御消息』、『註釈版聖典』七三五頁）

といわれています。現生におけるいまの救い、これが浄土真宗のみ教えの有り難いところです。

いま、人生のまっただなかで確実に生かされているからこそ、この現生も未来

往生も安心できるといえます。その私は、いつも仏とともに生きる日暮らしをするのです。明治時代の原口針水《しんすい》勧学は、

われ称えわれ聞くなれど南無阿弥陀
つれてゆくぞの親のよびごえ
（梯《かけはし》實圓《じつえん》著『妙好人《みょうこうにん》のことば』二二七頁、法藏館）

という詩を詠《よ》まれています。報謝の生活に生きるのも、摂取して捨てない本願の有り難さに真に出遇ったからです。称えている念仏を己のものがらとするのでなく、逆に、仏に称えられ助かってくれと拝まれている、そのような念仏のいわれを疑いなく聴聞したいものです。

生死を超える

無常の風は、つねに私に向かって吹いています。しかし、その風を私は本当に感じているのでしょうか。日常のことにとらわれ、目先の利益に踊っているのではないでしょうか。『往生要集』には『涅槃経《ねはんぎょう》』を引用して、次のように述べられています。

人《ひと》の命《いのち》は停《とま》らざること、山《やま》の水《みず》よりも過《す》ぎたり。今日《こんにち》は存《ぞん》ぜりといへども、明《あ》くればまた保《たも》ちがたし。

(『註釈版聖典（七祖篇）』八三四－八三五頁)

いま私がこうしているのも、たまたま生きているからにすぎません。しかも死は必然です。しかし、私が生きているのは当然で、死こそ偶然と普通には思っています。いま生きていることをあまりに当然としています。ところが、この

「生」こそ、風中の灯でしかありません。この生死を超えることが仏教の目指すものであるならば、いま一度、私は自己を省みる必要があります。私はどうして生を受けたのか、私は何処《どこ》に向かって生きているのかを、もう一度問いたいものです。

この無常のなかから、「念仏のみぞまこと」（『歎異抄』後序）と親鸞聖人はいわれました。この念仏まことという生き方は、自身の生きるありようを如実に理解した人の生き方ともいえます。しかも、その自身においては、生死の解決がついているともいえます。無常のなかにありながら、無常を超えていく教えに出遇っているのです。その生死を超えるお念仏の教えを、疑いなしに聴聞し続けたいものです。

「無常の風」は、常に私に向かって吹いています。少しずつですが、時代の変化に僧侶も対応しています。それが、どれだけご法義繁昌《はんじょう》に役立つのであろうかと思うときもありますが、今後の一層の教化・努力が必要なのは間違いないでしょう。さて、あなたはこの風を感じていますか？　今日も『御文章』を拝読しながら、私は思っています。

わが身の上に引きあてて――加害と被害

東日本大震災に想う

詩人・童話作家である宮澤賢治（一八九六―一九三三）の「雨ニモマケズ」という詩があります。

東ニ病氣《びょうき》ノコドモアレバ
行ツテ看病シテヤリ
西ニツカレタ母アレバ
行ツテソノ稻《いね》ノ束ヲ負ヒ
南ニ死ニサウナ人アレバ

行ツテコハガラナクテモイイトイヒ
北ニケンクワヤソシヨウガアレバ
ツマラナイカラヤメロトイヒ……

（『宮沢賢治詩集』三二六—三二七頁、岩波文庫）

あるとき、龍谷大学の鍋島直樹先生はこの一節に注目されて、「行ツテ」という言葉を取り挙げられ、具体的に行動することが非常に大切ですよ、ということをおっしゃっていました。

二〇一一（平成二十三）年三月十一日に発生した東日本大震災によって、多くの方々が被災され、親族や知人を亡くされました。震災後の状況は刻一刻と変わっています。例えば、政府の復興会議（東日本大震災復興構想会議）のメンバーのなかに、臨済宗《りんざいしゅう》の住職で作家である玄侑宗久《げんゆうそうきゅう》というお坊さんがいらっしゃいます。ご自身も福島の方ですので、いろいろな避難所、仮設住宅へ赴かれているようですが、氏のブログを時々拝見しますと、避難所から仮設住宅へ移られた方が、中には二、三日経つとまた避難所へ帰ってこられるといわれていました。というのは、もともと同じ地域の方が同じ仮設住宅へ移ることができればいいのですが、なかなかそうもいきません。つまり周囲とコミュニケーションが取れず、また、地元の情報が入ってこないということで、元の避難所へ帰られる方が多いそうなのです。

さらに、仮設住宅で孤独死、あるいは自死をされたという報道があります。それを聞くと非常に心が痛みます。私たちは、変わりゆくそのような状態のなかで、復旧復興に向けて物心両面で末長く支援をしていかなければいけません。

日本人の無常観

このようなときに、私自身も含めて、宗教者は一体何を考え、何を説いていくべきなのかということを考えてみました。そのときに、私に一つの示唆を与えてくれたものがあります。それは村上春樹という作家の講演でした。村上春樹さんは『ノルウェイの森』（講談社）や『海辺のカフカ』（新潮社）、『1Q84』（同前）などの有名な本をたくさん出されていて、多くのファンの方がいらっしゃいます。

この村上春樹さんが、二〇一一年六月九日に、スペインのカタルーニャ自治州政府が、文化的または学問的に世界で目覚ましい活躍をした人物に贈る、「カタルーニャ国際賞」を受賞され、その授賞式でスピーチをされました。その内容が新聞各紙夕刊に載っていましたが、そこには福島第一原子力発電所の事故と「効率社会」ということについて言及されていました。私はその文章を読んで、なるほどと思う点がたくさんありました。その内容を少しかいつまんで紹介いたします。

前半は東日本大地震に関することなのですが、中盤にこういうコメントがあります。

日本語には無常（mu・jo）という言葉があります。いつまでも続く状態＝常なる状態はひとつとしてない、ということです。この世に生まれたあらゆるものはやがて消滅し、すべてはとどまることなく変移し続ける。永遠の安定とか、依って頼るべき不変不滅のものなどどこにもない。これは仏教から来ている世界観ですが、この「無常」という考え方は、宗教とは少し違った脈絡で、日本人の精神性に強く焼き付けられ、民族的メンタリティーとして、古代からほとんど変わることなく引き継がれてきました。

「すべてはただ過ぎ去っていく」という視点は、いわばあきらめの世界観です。人が自然の流れに逆らっても所詮は無駄だ、という考え方です。しかし日本人はそのようなあきらめのなかに、むしろ積極的に美のあり方を見出してきました。

（二〇一一年六月十日、47NEWS日本語訳）

このように、村上さんは、私たち日本人は、自然のなかに儚《はかな》さや美しさを感じ、無常観という精神性を持ち続けていたのだということを、アピールされています。

修復できないものごと

そして、村上春樹さんは続いてこう言っています。

ここで僕が語りたいのは、建物や道路とは違って、簡単には修復できないものごとについてです。それはたとえば倫理であり、たとえば規範です。それらはかたちを持つ物体ではありません。いったん損なわれてしまえば、簡単に元通りにはできません。機械が用意され、人手が集まり、資材さえ揃《そろ》えばすぐに拵《こしら》えられる、というものではないからです。（同）

つまり、ものは揃えることはできるけれども、一度失われてしまった精神性——そういうものはなかなか元へ戻そうとしても無理なのだといわれています。そして後半に核心的なことをいわれています。福島第一原子力発電所の事故を取り挙げて、それと同じように原子力に関係して日本人が負った大きな痛み、そして広島の原爆についてコメントされています。

村上春樹さんは、広島にある原爆死没者慰霊碑（広島平和都市記念碑）に書かれている、

安らかに眠って下さい　過ちは　繰返しませぬから

という言葉を引用して、こう言われています。

素晴らしい言葉です。我々は被害者であると同時に、加害者でもある。そこにはそういう意味がこめられています。核という圧倒的な力の前では、我々は誰しも被害者であり、また加害者でもあるのです。その力の脅威にさらされているという点においては、我々はすべて被害者でありますし、その力を引き出したという点においては、またその力の行使を防げなかったという点においては、我々はすべて加害者でもあります。（同）

福島第一原子力発電所の事故について、哲学者である梅原猛《たけし》さん（一九二五—

二〇一九）は、「これは文明災」つまり文明が惹《ひ》き起こした災害だといわれました。また、第二十四代門主・即如上人は、二〇一二（平成二十四）年一月に発布された「親鸞聖人七百五十回大遠忌法要御満座を機縁として『新たな始まり』を期する消息」で、

地球の歴史を考えます時、自然現象としての地震や豪雨は、数限りなくあったことでしょう。しかし、それが深刻な災害となるのは、人間のあり方、社会のあり方によります。特に、今回の原子力発電所の事故は、自然の調和を破り、後の世代に大きな犠牲や負担を強いることになりました。これは肥大した人間の欲望のもたらしたところであります。

と述べられています。

なるほどそうです。私たちは電気がなければ生活ができません。部屋の灯り・エアコン・炊飯・洗濯・電話……、身の回りのあらゆるものに電気を使っています。電気を使うかぎりは、火力発電のような化石燃料を使うよりも、少しは効率がいい、あるいは二酸化炭素を排出しないといわれてきた原子力発電が有益であるとして、地震列島日本に原子力発電所がたくさん作られました。しかし、テレビなどの報道によれば、その話も実に怪しいということがわかってきました。

いま、原発の是否云々《うんぬん》についていて言及するつもりはありませんが、そういう自己の欲望に由来する災害に遭《あ》っているのが私たちの現状なのだ、と即如上人は示唆されています。人知を超えた想定外の津波だったとはいえ、このような原子力を必要としたのは、私たちの欲望が、文明機器が、電気を必要としたからでした。

加害者としての痛み

そう考えますと、私たちは原発事故の被害者という立場だけではなく、加害者であるという点にも目を向けていかなければなりません。かつて、日本は原子爆弾によって、甚大な被害を受けました。しかし、広島平和記念公園にある慰霊碑には、先に触れたように「安らかに眠って下さい 過ちは 繰返しませぬから」と刻まれています。この碑文について、慰霊碑建立当時の広島市長は、『過ち』とは、戦争という人類の破滅と文明の破壊を意味している」と市議会で答弁されています。ここには、加害者にはもうならないという痛みが意図されています。東日本大震災では、図らずも違う形で過ちが起こってしまったのかもしれません。また、そのような欲望を追い求めてばかりいる人間の姿が露わになったともいえましょう。このような無常なる迷いの世界に私たちがあることを、特に宗教者は強くアピールし、同じ過ちを繰り返さないことを目指していくべきではないかと思うのです。

被災地から離れて生活していますと、そのような災害をついつい自分のことではない、遠く離れたことだと思ってしまいがちですが、そうではありません。省みるならば、原発事故は人間の欲望に基づいていて、それは私たちの欲でもあります。お互いに被害者であり加害者であるというところに、目を向けていかなければなりません。もっと言えば、私たちにとっては良い時も悪い時も、それは欲望に基づいた世界の中にあっての「良い」「悪い」であるということです。

東京帝国大学教授であり随筆家でもあった寺田寅彦《とらひこ》（一八七八―一九三五）は、「天災は忘れた頃にくる」といったといわれていますが、東日本大震災から五年が経過した二〇一六（平成二十八）年には熊本地震も発生しました。天災に遭うことが多い日本人は、多くの経験から助け合う心や無常観が育《はぐく》まれているといわれています。その無常観にも、前向きな無常観と後ろ向きな無常観があるといわれますが、それは、なにも自己の外なる事象だけではありません。私自身の身の上においても同様である、といわなければならないのです。蓮如上人が、

後生《ごしょう》の一大事《いちだいじ》を心《こころ》にかけて、阿弥陀仏《あみだぶつ》をふかくたのみまゐらせて

（『註釈版聖典』一二〇四頁）

といわれるように、私の身の上に引きあてて仏法を聞いていきたいものです。

信心をいただくということ

悲しみの依りどころ

お釈迦さまの教えとして、「一切は苦である」という考え方があります。日本が高度経済成長で順風満帆《じゅんぷうまんぱん》なときに、私たちは果たして本当にそのような状態が永久に続くと思っていたでしょうか？　どうもそのときに、私たち仏教者は、いつ何時どうなるかわからないぞ、というアピールをすることを怠っていたのではないでしょうか。あるいはまた、震災や事故といった悲しみがあるときに、人生は儚いとは少し言いにくい側面もあったのではないかと思います。

私自身にも、それに似たような経験が多々あります。例えば、ご門徒が身近な方を亡くされたときにどのようにしてその方と接していくか――そこにはなかなかむずかしい問題があります。

私がまだ大学院の学生だった頃の話です。Yさんというある女性がいらっしゃって、自分の息子さんを事故で亡くされました。ちょうど公務員になったばかりで、雨の日に車の運転を誤って亡くなられたのです。

その息子さんが亡くなられたときのことですが、お参りに行きますと、お仏壇の横には息子さんの遺影、そして当時は遺骨が並べて置いてありました。いつものYさんは、お仏壇の前にいらっしゃるのですが、そのときは息子さんの身の上を案じられて、〝どこへ行って、どんな所に生まれ変わったのだろうか〟と、息子さんの遺影に向かって懸命に拝んでいらっしゃいました。

私はまだ生意気盛りの学生でしたから、「私たち真宗のご門徒は、阿弥陀さまによるお救いをいただきます。ですから、仏さまを礼拝して、しかもそれでどこへ行ったのかと祈るのではありません。私自身がそのような儚い死を通して、私の身の上も同じような生死にあるということを味わって、仏法を慶んでいかなければいけません」という、教科書どおりの話をしてしまったのです。

その瞬間、Yさんはムッとしたような顔をされましたので、〝あれっ、気分を害されたかな〟と思いました。けれども幸いに、Yさんは私の話を理解してくださり、それから熱心にお寺へお参りされるようになりました。それまではあまり足を運ばれていなかったのですが、仏法のご縁をいただかれるようになり、いまでは率先して聴聞をされ、また人々に仏さまの教えを伝えるという役割を担って法義繁昌にご活躍をされています。

このときには、たまたま私の話が法縁となりましたけれども、深い悲しみにあるときに、その悲しみを忘れることは、私たちはなかなかできません。

私は、龍谷大学で社会人学生のゼミを長く担当していましたが、これは社会人学生のゼミができた最初の頃にこられた学生――学生といっても、ほとんどの方が定年後に入学された人――の話です。その頃は、学生の約半分ちかくの方が自分のお子さんや身内を事故、あるいは病気で亡くされた方でした。そこで、龍谷大学に入って浄土真宗を勉強し、少しでも仏教にご縁を持ちたいと思って入学されたわけです。

あるとき、一人の社会人学生さんから「大学に入ったときに、若い大学院生からこんなことを言われましたよ」という話を聞きました。「亡くなった息子さんが仏法にご縁を結んでくださったのでしょうね。真宗では還相回向《げんそうえこう》ということをいいますから、そういうご縁に遇われたのですね」と言われたというのです。

「けれども、全然、私にはそんなことは思えない」と言われました。懇親会の席でしたが、「先生、二十年経ったいまでも、息子が亡くなったときのあの姿を思い出すと、夜中に目が覚めるんです。それはいまでも変わることはありません」と言われていました。そのときも、深い悲しみとは、けっして消えるものではないということを教えていただきました。

しかし、卒業するときには、皆さん異口同音に、やはり真宗の教えを聞かせていただいて有り難かった、嬉しかったとおっしゃっていました。

悲しみは変わりませんけれども、その変わらぬ悲しみの位置付けというか、捉え方が変わってこられたのだなと思わせていただきました。

まことあることなき

浄土真宗では、人生の儚さと苦悩のなかにあるということを阿弥陀さまによって信知せしめられるといいますが、親鸞聖人はどのようにそのことをおっしゃっているのでしょうか。『教行信証』「信文類《しんもんるい》」の大信釈《だいしんじゃく》には「二種深信《にしゅじんしん》」が引用してあります。これは真宗七祖の第五祖、善導大師《ぜんどうだいし》（六一三—六八一）が著された『観経疏《かんぎょうしょ》』「散善義《さんぜんぎ》」のご文です。そこでは、私の真のありようが知らされる

「機《き》の深信」と阿弥陀さまの救いを信知する「法《ほう》の深信」とが合わさって「二種深信」として語られています。

一《ひと》つには、決定《けつじょう》して深《ふか》く、自身《じしん》は現《げん》にこれ罪悪《ざいあく》生死《しょうじ》の凡夫《ぼんぶ》、曠劫《こうごう》よりこのかたつねに没《もっ》し、つねに流転《るてん》して、出離《しゅつり》の縁《えん》あることなしと信《しん》ず。二《ふた》つには、決定《けつじょう》して深《ふか》く、かの阿弥陀仏《あみだぶつ》の四十八願《しじゅうはちがん》は衆生《しゅじょう》を摂受《しょうじゅ》して、疑《うたがい》なく慮《おもんぱか》りなく、かの願力《がんりき》に乗《じょう》じて、さだめて往生《おうじょう》を得《う》と信《しん》ず。

（『註釈版聖典』二一八頁）

（一つには、わが身は今このように罪深い迷いの凡夫であり、はかり知れない昔からいつも迷い続けて、これから後も迷いの世界を離れる手がかりがないと、ゆるぎなく深く信じる。二つには、阿弥陀仏の四十八願は衆生を摂《おさ》め取ってお救いくださると、疑いなくためらうことなく、阿弥陀仏の願力におまかせして、間違いなく往

生すると、ゆるぎなく深く信じる。『顕浄土真実教行証文類（現代語版）』一七二—一七三頁）

私はこの文を見ますと、いつも「現に」というところに深い味わいを感じるのです。「今」ということですが、いまのこの私が「罪悪生死の凡夫」で、流転を繰り返してきた存在だといわれています。

親鸞聖人はまた、この「信文類」法義釈《ほうぎしゃく》（至心釈《ししんじゃく》）に、

仏意《ぶつい》測《はか》りがたし。しかりといへども、ひそかにこの心《しん》を推《すい》するに、一切《いっさい》の群《ぐん》生海《じょうかい》、無始《むし》よりこのかた乃至今日今時《ないしこんにちこんじ》に至《いた》るまで、穢悪汚染《えあくわぜん》にして清浄《しょうじょう》の心《しん》なし、虚仮諂偽《こけてんぎ》にして真実《しんじつ》の心《しん》なし。（『註釈版聖典』二三一頁）

（如来のおこころは、はかり知ることができない。しかしながら、わたしなりにこ

のおこころを推しはかってみると、すべての衆生は、はかり知れない昔から今日この時にいたるまで、煩悩に汚《けが》れて清らかな心がなく、いつわりへつらうばかりでまことの心がない。『顕浄土真実教行証文類（現代語版）』一九六頁）

と、やはり「今日今時に至るまで」という言い方をされています。それは、阿弥陀さまによって教えられた私の真の姿、人間の相《すがた》であります。『歎異抄』後序には、その点がわかり易く表現されます。

煩悩具足《ぼんのうぐそく》の凡夫《ぼんぶ》、火宅無常《かたくむじょう》の世界《せかい》は、よろづのこと、みなもつてそらごとたはごと、まことあることなきに、ただ念仏《ねんぶつ》のみぞまことにておはします

（『註釈版聖典』八五三―八五四頁）

（わたしどもはあらゆる煩悩をそなえた凡夫であり、この世は燃えさかる家のよう

にたちまち移り変る世界であって、すべてはむなしくいつわりで、真実といえるものは何一つない。その中にあって、ただ念仏だけが真実なのである『歎異抄（現代語版）』五〇頁）

「まことあることなき」というのは経験的、体験的な事実です。親鸞聖人はそういう味わいを持っていらっしゃいました。またそれを阿弥陀さまのみ教えのなかに知らされてこられたということでもあります。

信心をいただく

『浄土和讃』のなかに、次のようなご和讃があります。

十方微塵世界《じっぽうみじんせかい》の

念仏《ねんぶつ》の衆生《しゅじょう》をみそなはし
摂取《せっしゅ》してすてざれば
阿弥陀《あみだ》となづけたてまつる

（『註釈版聖典』五七一頁）

（数限りないすべての世界の念仏するものを見通され、摂め取って決してお捨てにならないので、阿弥陀と申しあげる。『三帖和讃（現代語版）』五〇頁）

「十方微塵の世界」とは、すべての方向に無限に存在する世界のことですが、阿弥陀さまの救いのお心は、たくさんの世界に南無阿弥陀仏《なもあみだぶつ》のお念仏として届くのです。また、「摂取」という言葉には、「ものの逃ぐるを追わえとるなり」（『国宝本』）と、左訓《さくん》と呼ばれる説明があります。阿弥陀さまのお心をいただいた人は、「摂取不捨の利益」に遇い、逃げる者を追わえ取る、摂め取られる、そのはたらきのなかにあるのだ、と詠《よ》まれたご和讃です。この阿弥陀さまのお心を私たちが頂載することを、浄土真宗では「信心をいただく」というのです。

このご和讃を具体的に言えば、南無阿弥陀仏のお名号《みょうごう》を通して私どもにその救いを届けてくださっていることを表しておられます。そして、南無阿弥陀仏の名号のいわれを頂戴することを、浄土真宗では「信心をいただく」とか「信心をたまわる」と表現します。〝信心をくださる〟という言い方はしません。「くださる」という言葉は「くれる」という言葉の尊敬語です。従って「くれる」という場合は、この「くれる」の主語は阿弥陀さまということになりますが、信心は、私がお願いして「くださる」ものではありません。仏さまが用意された信心を私が「いただく」と表現します。「いただく」とは「もらう」の謙譲語ではありますが、真宗の法義では、私に先んじた仏の願いを私が頂戴しますので、「私」を主語にして「いただく」「たまわる」と表現するのです。

如来の願心より発起する信心

信心をいただくことを、浄土真宗の教学では「信楽《しんぎょう》を獲得《ぎゃくとく》する」（『教行信証』信文類、『註釈版聖典』二〇九頁）とも「一念発起《いちねんぽっき》」（『親鸞聖人御消息』、『同』七八二・七九七頁）、あるいは「信心開発《しんじんかいほつ》」（『浄土文類聚鈔《じょうどもんるいじゅしょう》』、『同』四八八頁）、「信心獲得《しんじんぎゃくとく》」（『御文章』、『同』一一二三頁）ともいいます。これについては、『教行信証』「信文類」の別序に、このように説明されています。

> 信楽《しんぎょう》を獲得《ぎゃくとく》することは、如来選択《にょらいせんじゃく》の願心《がんしん》より〈自《よ》り〉発起《ほっき》す。真心《しんしん》を開闡《かいせん》することは、大聖《だいしょう》（釈尊）矜哀《こうあい》の善巧《ぜんぎょう》より〈従《よ》り〉顕彰《けんしょう》せり。
>
> （『註釈版聖典』二〇九頁、〈　〉内筆者）

（他力の信心を得ることは、阿弥陀仏が本願を選び取られた慈悲の心からおこるのである。その真実の信心を広く明らかにすることは、釈尊が衆生を哀れむ心からお

こされたすぐれたお導きによって説き明かされたのである。『顕浄土真実教行証文類（現代語版）』一五五頁）

「より」という字も、『註釈版聖典』ではすべてひらがなで書いてありますが、元の漢文を見ますと、括弧《かっこ》書きのように「自り」と「従り」という字に使い分けられています。「自」とは自性のことで、ものが自身から生起すること（自発自展）を意味します。また「従」とは関係性を意味し、お釈迦さまとの関係を表しています。

つまり、阿弥陀さまの信心を獲得するということは、阿弥陀如来がその自性を失わず、願心が衆生の信心として成就すること、阿弥陀さまの願いの心がそのまま衆生の信心として完成するということを意味しています。また私たちが「真心《しんしん》」——まことの心を開くということは、お釈迦さまのみ教えとの値遇《ちぐう》がご縁となっているということです。

これについて、親鸞聖人は『高僧和讃』（七四）に、

釈迦《しゃか》・弥陀《みだ》は慈悲《じひ》の父母《ぶも》
種々《しゅじゅ》に善巧《ぜんぎょう》方便《ほうべん》し
われらが無上《むじょう》の信心《しんじん》を
発起《ほっき》せしめたまひけり

（『註釈版聖典』五九一頁）

（釈尊と阿弥陀仏は慈悲深い父母である。巧みな手だてをさまざまに施し、わたしたちにこの上ない真実の信心をおこさせてくださった。『三帖和讃（現代語版）』一〇九頁）

と詠まれています。真宗の信心は、私が勝手におこした信心ではありません。私

が勝手におこす信心であれば、人によって浅い信心、深い信心という違いが起こってきますが、阿弥陀さまが願心のなかで私たちを案じ喚び続け、そしてその願いが成就された信心ですから――「獲得」「発起」といいますが――それはすでに届けられていたお心を開きおこすことだと、親鸞聖人は味わわれているのです。

ですから、浄土真宗のみ教えによって生死の迷いを超えるということは、その阿弥陀さまの救いに任せるということなのであり、仏のさとりに到る、無上妙《むじょうみょう》果《か》に到ることはむずかしいことではないと述べられています。しかし一方では、

しかるに常没《じょうもつ》の凡愚《ぼんぐ》、流転《るてん》の群生《ぐんじょう》、無上妙果《むじょうみょうか》の成《じょう》じがたきにあらず、真実《しんじつ》の信楽《しんぎょう》まことに獲《う》ること難《かた》し。なにをもつてのゆゑに、いまし如来《にょらい》の加威《かい》力《りき》によるがゆゑなり、博《ひろ》く大悲広慧《だいひこうえ》の力《ちから》によるがゆゑなり。

（『教行信証』「信文類」大信釈、『註釈版聖典』二一一頁）

（ところで、常に迷いの海に沈んでいる凡夫、迷いの世界を生れ変り死に変りし続ける衆生は、この上もないさとりを開くことが難しいのではなく、そのさとりに至る信心を得ることが実に難しいのである。なぜなら、信心を得るのは、如来が衆生のために加えられるすぐれた力によるものであり、如来の広大ですぐれた智慧の力によるものだからである。『顕浄土真実教行証文類（現代語版）』一六〇頁）

と述べられているように、「真実の信楽まことに獲ること難し」――信心を獲るには、私たちの信疑という心の問題が関わってきますので、まことにむずかしいことなのです。

第十八願とは

では、信心を獲るとは、何をどのように頂戴することなのでしょうか。

『歎異抄』第一条には、

弥陀《みだ》の誓願不思議《せいがんふしぎ》にたすけられまゐらせて、往生《おうじょう》をばとぐるなりと信《しん》じて念仏申《ねんぶつもう》さんとおもひたつこころのおこるとき、すなはち摂取不捨《せっしゅふしゃ》の利益《りやく》にあづけしめたまふなり。（『註釈版聖典』八三二頁）

と書かれています。また蓮如上人の『御文章』には、

信心獲得《しんじんぎゃくとく》すといふは第十八《だいじゅうはち》の願《がん》をこころうるなり。この願《がん》をこころうるといふは、南無阿弥陀仏《なもあみだぶつ》のすがたをこころうるなり。このゆゑに、南無《なも》と帰命《きみょう》

する一念《いちねん》の処《ところ》に発願《ほつがん》回向《えこう》のこころあるべし。これすなはち弥陀如来《みだにょらい》の凡夫《ぼんぶ》に回向《えこう》しましますこころなり。

（『御文章』五帖目第五通、『註釈版聖典』一一九二頁）

と述べられています。

信心獲得するとは、第十八願のお心を獲ることです。さらに詰めて言えば、南無阿弥陀仏のすがたをこころうることであると端的に述べられています。すると、「第十八願のお心」とは何かということですが、親鸞聖人は、

設我得仏《せつがとくぶつ》　十方衆生《じっぽうしゅじょう》　至心信楽《ししんしんぎょう》　欲生我国《よくしょうがこく》　乃至十念《ないしじゅうねん》　若不生者《にゃくふしょうじゃ》　不取《ふしゅ》正覚《しょうがく》　唯除五逆《ゆいじょごぎゃく》　誹謗正法《ひほうしょうぼう》

（『勤行聖典　浄土三部経』四四頁）

（たとひわれ仏《ぶつ》を得《え》たらんに、十方《じっぽう》の衆生《しゅじょう》、至心信楽《ししんしんぎょう》してわが国《くに》に生《しょう》ぜんと欲《おも》ひ

て、乃至十念《ないしじゅうねん》せん。もし生《しょう》ぜずは、正覚《しょうがく》を取《と》らじ。ただ五逆《ごぎゃく》と誹謗《ひほう》正法《しょうぼう》とをば除《のぞ》く。　『註釈版聖典』一八頁）

という『無量寿経』の第十八願文について、『尊号真像銘文《そんごうしんぞうめいもん》』という書物に特に詳しく解釈されています。そのなかで「（十方の衆生）もし生ぜずば、正覚を取らじ」について、次のように解釈されています。

「若不生者不取正覚《にゃくふしょうじゃふしゅしょうがく》」といふは、「若不生者《にゃくふしょうじゃ》」はもし生《うま》れずはといふみことなり。「不取正覚《ふしゅしょうがく》」は仏《ぶつ》に成《な》らじと誓《ちか》ひたまへるみのりなり。このこころは、すなはち至心信楽《ししんしんぎょう》をえたるひと、わが浄土《じょうど》にもし生《うま》れずは、仏《ぶつ》に成《な》らじと誓《ちか》ひたまへる御《み》のりなり。（中略）「唯信《ゆいしん》」と申《もう》すは、すなはちこの真実信楽《しんじつしんぎょう》をひとすぢにとるこころを申《もう》すなり。

（『註釈版聖典』六四四頁）

（「若不生者不取正覚」というのは、「若不生者」とは、もし生れないようならということであり、「不取正覚」とは、仏にならないと誓われたお言葉である。この意味は、他力の「至心信楽」すなわち真実の信心を得たものが、もしわたしの浄土に生れないようなら、わたしは仏にならないと誓われたお言葉なのである。（中略）「唯信」というのは、すなわちこの真実の信心を疑いなくいただく心をいうのである。『尊号真像銘文（現代語版）』五―六頁）

第十八願のおこころは、従来お説教などで、「われにまかせよ。必ず救う、念仏申し救われよ」といわれ、常に大悲心をもってはたらかれているのが阿弥陀さまのお心であるといわれる根拠となるご文です。しかし、ここではあくまでも阿弥陀さまが私たちを案じ続けられている大悲心をいわれていますから、私どもがどのようにその「真実信楽をひとすじにとる」、つまりその慈悲心をどのように頂戴するのかが具体的でありません。そのお心をいただくあり方について、親鸞聖人は第十八願成就文での解釈のなかで述べられています。

第十八願成就文の読み方

第十八願を含む四十八の本願文は、成仏される以前の法蔵《ほうぞう》菩薩《ぼさつ》さまの誓願、つまり阿弥陀さまのお心を表しています。そして、第十八願成就文は、お釈迦さまが、私たちに阿弥陀さまの本願成就についてお示しくださった文です。第十八願成就文の原文を挙げますと、

諸有《しょう》衆生《しゅじょう》　聞其名号《もんごみょうごう》　信心歓喜《しんじんかんぎ》　乃至一念《ないしいちねん》　至心回向《ししんえこう》　願生彼国《がんしょうひこく》　即得往《そくとくおう》
生《じょう》　住不退転《じゅうふたいてん》　唯除五逆《ゆいじょごぎゃく》　誹謗正法《ひほうしょうぼう》　（『勤行聖典　浄土三部経』一〇七頁）

となりますが、『教行信証』「信文類」をみますと、親鸞聖人は次のように読まれています。

あらゆる衆生《しゅじょう》、その名号《みょうごう》を聞《き》きて信心歓喜《しんじんかんぎ》せんこと、乃至一念《ないしいちねん》せん。（仏が名号を衆生に）至心《ししん》に回向《えこう》せしめたまへり。かの国《くに》に生《しょう》ぜんと願《がん》ぜば、すなはち往生《おうじょう》を得《え》、不退転《ふたいてん》に住《じゅう》せん。ただ五逆《ごぎゃく》と誹謗正法《ひほうしょうぼう》とをば除《のぞ》く

（『註釈版聖典』二一二頁、（　）内筆者）

（すべての人々は、その名号のいわれを聞いて信じ喜ぶまさにそのとき、その信は阿弥陀仏がまことの心（至心）をもってお与えになったものであるから、浄土へ生れようと願うたちどころに往生すべき身に定まり、不退転の位に至るのである。ただし、五逆の罪を犯したり、正しい法を謗《そし》るものだけは除かれる　『顕浄土真実教行証文類（現代語版）』一六二頁）

ここで大事なのは、まことの心が阿弥陀さまによって届けられているという、「至心に回向せしめたまへり」という受け止めです。またそれと同時に、その阿弥陀さまの名号を聞いた「信心歓喜」の後に、「せんこと」と訓《よ》まれていることです。ここでは、「信心歓喜して」とそのまま順接で読むのではなく、「す」の未然形＋「む（ん）」の連体形＋「こと」となり、「信心歓喜」とその後の「乃至一念」とが、同格に扱われていることになります。

つまり、信じたことそのままが、「乃至一念」ということとなります。疑いのない、二心なき信の一念――また信心をいただいたその瞬間――として、信心を頂戴したときに、まことの心が私のところに届いていたという味わいに立って、この成就文を訓まれているということです。

法然聖人は、第十八願文を原文どおり「信心歓喜《しんじんかんぎ》して、乃至一念《ないしねん》」（『選択集《せんじゃくしゅう》』、『註釈版聖典（七祖篇）』一二一一頁）〈私がまことに信じて念仏せよ〉と読まれましたが、親鸞聖人のいまの読み方とは少し違っています。「信心歓喜せんこと、乃至一念せん」とは、まことは阿弥陀さまであって、阿弥陀さまのまことが届けられている。それは、名号のいわれを聞き開いたときにまことは届いていたのだ、というお味わいです。

そして、その名号のいわれを聞き開いたということを、

しかるに『経《きょう》』（大経・下）に「聞《もん》」といふは、衆生《しゅじょう》、仏願《ぶつがん》の生起《しょうき》本末《ほんまつ》を聞《き》きて疑心《ぎしん》あることなし、これを聞《もん》といふなり。「信心《しんじん》」といふは、すなはち本願力回向《ほんがんりきえこう》の信心《しんじん》なり。「歓喜《かんぎ》」といふは、身心《しんしん》の悦予《えつよ》を形《あらわ》すの貌《かおばせ》なり。「乃《ない》至《し》」といふは、多少《たしょう》を摂《せっ》するの言《ことば》なり。「一念《いちねん》」といふは、信心《しんじん》二心《にしん》なきがゆゑに一念《いちねん》といふ。これを一心《いっしん》と名《な》づく。一心《いっしん》はすなはち清浄《しょうじょう》報土《ほうど》の真因《しんいん》なり。

（『教行信証』「信文類」、『註釈版聖典』二五一頁、傍線筆者）

（ところで『無量寿経』に「聞」と説かれているのは、わたしたち衆生が、仏願の生起本末を聞いて、疑いの心がないのを聞というのである。「信心」というのは、如来の本願力より与えられた信心である。「歓喜」というのは、身も心もよろこびに満ちあふれたすがたをいうのである。「乃至」というのは、多いのも少ないのも兼ねおさめる言葉である。「一念」というのは、信心は二心がないから一念という。これを一心というのである。この一心が、すなわち清らかな報土に生れるまことの因である。『顕浄土真実教行証文類（現代語版）』二三三頁）

とおっしゃっています。

「仏願の生起本末」とは、阿弥陀さまがなぜ本願を建てられたのか――それは、私たち迷いの衆生の罪悪生死なる相《すがた》をかねてより見抜き、これを救わずにはおられぬというお心を発されたからです。そして、その本願を成就されて、南無阿弥陀仏の名号となって私たちへ届いてくださっているのです。そのいわれを疑いなく、二心なく聞いていくということを「聞其名号」（その名号を聞きて）——聞き開くという言い方で、あらわされているのです。

つまり、阿弥陀さまのお心は名号のいわれを開いたところに知らされてくることになりますが、それはかねて私のところに間に合って届いていたお心であって、けっして私が修行をしたり努力をして迷いを超えていくという、私自身の営みを条件とするみ教えではなかったということです。

〝間に合った〟

話は変わりますが、私は学生時代に、暫《しばら》く男声合唱団に所属していました。その男声合唱団の二つ上の先輩に、中尾弘伸《ひろのぶ》さんという先輩がいらっしゃいました。合唱団では幹事長を務められた、たいへん温厚で優しい先輩で、よくお世話になりました。だから非常に印象深い、大事な先輩でありました。

あるとき、聞き伝えに、この中尾先輩が三十四歳にして癌《がん》によって亡くなられたと知り、たいへん驚きました。

その中尾先輩が亡くなる前に手記を書かれておりまして、それをお父さまが『間に合った』というタイトルで小冊子にされたのです。この冊子には、中尾先輩の手記、それからお父さまや友人のいろいろな想いが綴られています。そのなかにある「あの日」と「間に合った」という先輩の手記の一部を紹介いたします。

〝あの日〟（一月十二日）

誰にでもそんな日が来ることはあり得ることだとは思っていた。色々な人の体験を聞いてきた。しかし、自分にそんな日が来るとは、実はその瞬間まで思いもしなかったのだ。

（中略）

その日の夕方、主治医、外科部長、看護婦長、父、私が病院の会議室のようなところに集められた。

言いにくいそうにしている若い主治医にあきれて、外科部長の先生が病状について説明された。〝胆嚢《たんのう》ガン〟〝外科的治療法なし〟先生は言いにくそうにしながらも、すべてをズバリ言った。〝後どのくらいあるのでしょうか〟という私の質問に口ごもりながら〝半年……〟と言葉をのんだ。その時私は冷静に〝ああ、そうなのか〟と思った。

婦長さんが〝誰でもいのちに限りがあるのだから…〟と涙を見せた。私は、〝それは私のせりふではないか…〟と思った。そんなせりふを自分も健康なとき、傲慢《ごうまん》にもはいてきた。初めてわかった。健康なときには理屈でそういっているが、その実、身体ではうなずいていなかったのだ。

すぐに夜がやってきた。父が帰宅し、消灯。真っ暗な病室で、私が考えたことは、死ぬことについてではなかった。あと六ヶ月をどう生きるか。そのことで頭がいっぱいになった。

（中略）

〝今までと同じように、身体が続く限り生きたい〟

そして、友達とは、もう一度皆と会っておきたいと思った。こんなことを色々考えていると、想像していたような死の恐怖も不安も思いつく暇もなかった。

〝間に合った〟

〝間に合った〟と思った。私がもし、他宗の修行をして悟りを開く宗派僧侶であったなら、今の私はとても間に合っていない。

何の悟りもなく、全く一般の人と変わらない人間性しか持ち得ていないのだ。

だけど、私の聞いてきた教えは浄土真宗だ。とっくに〝間に合って〟いたのだ。もうすでに摂め取られていたのだ。全く本願は頼りになる。

仏教について、勉強してきた。大学にも行った。色んな先生の話も聞いた。難しい本も読んだ。

だが、今の自分を支えているのは、難しい仏教の知識ではなかった。覚えてきたことではなかった。

念仏申さんとおもひたつこころのおこるとき、すなはち摂取不捨の

利益にあづけしめたまふなり

中学生の頃にはもう読んでいた歎異抄の一節。

そう、もっともっと単純なことだったのだ。

思えば自分の勉強は、人にどれだけ偉い人物とみてもらいたいかという勉強であった。本当に大切なことは、お寺に参ってきて、ことあるごとにお念仏していたあのおばあちゃん、その後ろ姿から学んだことだったのだ。

この教えに出会えたことが、私の最大の幸せ、喜びと初めて気づかされた。

南無阿弥陀仏
（「後継住職・中尾弘伸さんの手記」、『本願寺新報』第二五八〇号、一九九七年二月二〇日）


ほかにも手記が綴られていますが、中尾先輩は、むずかしい教えを通してではなく、『歎異抄』第一条と、中学生の頃に聞かせていただいていた親鸞聖人のみ教え、そしてお念仏する後ろ姿を見せてくださった年配の女性から、み教えをいただいていかれました。そして、もう間に合っている世界があったのだということを、自らの病という体験を通して味わい、亡くなっていかれたのです。

実は、中尾先輩は亡くなる直前に結婚も決まっていらっしゃったそうです。しかし、このような病に罹《かか》ったことを話され、相手の方とはお別れされたそうです。ご両親はどれほど残念であったかと思います。しかしながらこの小冊子を読みますと、ご両親はけっして息子さんが亡くなったことを悲しんでいらっしゃいません。むしろ仏さまの世界で私どもとともにいるのだという味わいを持たれて、悲しみとは違った大いなる慶びのなかにあることを、この小冊子のなかで語られています。

真実信心をいただいたなら

では、私どもは、南無阿弥陀仏のお念仏のみ教えを聞き信心をいただいたとき、どのような身となるのでしょうか。

浄土真宗の教学上では、信心をいただいたということとは、往生浄土し成仏する因が決定し、円満したことであるといいます。そして、その信心をいただいた人の生活やありようを、従来「歓喜と慚愧《ざんぎ》の日暮し」という言葉で説明してきました。「喜びと痛み」といってもいいかもしれません。「それは靴のなかに小さな石ころが入ったようなものです。時々、自分の足を留めて、その石ころを除けたいんだけれども、除けることができないような歩みの生活だ」とおっしゃった先生もいらっしゃいます。

教義的には、信心を獲得した真仏弟子《しんぶつでし》の説明に、親鸞聖人は『無量寿経《むりょうじゅきょう》』の二つの願文を引いていらっしゃいます。

一つは、第三十三願――触光柔軟《そくこうにゅうなん》の願《がん》といわれる願文です。

たとひわれ仏《ぶつ》を得《え》たらんに、十方無量不可思議《じっぽうむりょうふかしぎ》の諸仏世界《しょぶつせかい》の衆生《しゅじょう》の類《るい》、わが光明《こうみょう》を蒙《こうぶ》りてその身《み》に触《ふ》れんもの、身心柔軟《しんしんにゅうなん》にして人天《にんでん》に超過《ちょうか》せん。もししからずは、正覚《しょうがく》を取《と》らじ。

（『註釈版聖典』二一頁）

阿弥陀さまの本願の光に遇う人は、身も心も柔軟になるというものです。そしてもう一つは、第三十四願――聞名得忍《もんみょうとくにん》の願《がん》といわれるものです。

たとひわれ仏《ぶつ》を得《え》たらんに、十方無量不可思議《じっぽうむりょうふかしぎ》の諸仏世界《しょぶつせかい》の衆生《しゅじょう》の類《るい》、わが名字《みょうじ》を聞《き》きて、菩薩《ぼさつ》の無生法忍《むしょうぼうにん》、もろもろの深総持《じんそうじ》を得《え》ずは、正覚《しょうがく》を取《と》らじ。

（『註釈版聖典』二一頁）

この願文の「菩薩の無生法忍」とはかなり崇高なものですから、真宗で「正信《しょうしん》偈《げ》」に、

与《よ》韋《い》提《だい》等《とう》獲《ぎゃく》三《さん》忍《にん》　（『日常勤行聖典』三〇頁）

（韋《い》提《だい》と等《ひと》しく三忍《さんにん》を獲《え》　『註釈版聖典』二〇六頁）

とあるように、三忍とは「喜忍《きにん》」「悟忍《ごにん》」「信忍《しんにん》」といわれる喜び、疑いない信心、仏の智慧をたまわったという意味での引用かと思われます。

また、親鸞聖人の『弥陀如来名号徳』という書物がありますが、そこをみますと、

つぎに智慧光《ちえこう》と申《もう》すは、これは無痴《むち》の善根《ぜんごん》をもつて得《え》たまへるひかりなり。無痴《むち》の善根《ぜんごん》といふは、一切有情《いっさいうじょう》、智慧《ちえ》をならひ学《まな》びて無上菩提《むじょうぼだい》にいたらんと

おもふこころをおこさしめんがために得《え》たまへるなり。念仏《ねんぶつ》を信《しん》ずるこころを得《え》しむるなり。念仏《ねんぶつ》を信《しん》ずるは、すなはちすでに智慧《ちえ》を得《え》て仏《ぶつ》に成《な》るべき身《み》となるは、これを愚痴《ぐち》をはなるることとしるべきなり。このゆゑに智慧光《ちえこう》仏《ぶつ》と申《もう》すなり。

（『註釈版聖典』七二九頁）

（次に智慧光というのは、これは愚痴《ぐち》の心を離れた善根によってその身にそなえられた光である。愚痴の心を離れた善根というのは、すべての命あるものに、仏の智慧を学び身につけてこの上ないさとりを開こうと思う心をおこさせるために、その身にそなえられたものである。つまり念仏を信じる心を得させるのである。念仏を信じるというのは、すでに智慧を得てさとりを開くことが定まった身になることであり、これは愚痴を離れることであると知るがよい。だから智慧光仏というのである。『浄土三経往生文類　如来二種回向文　弥陀如来名号徳（現代語版）』四二―四三頁）

という表現も出てきます。また、ほかの書物には、「無明《むみょう》の酔《え》ひもやうやうすこしづつさめ」(『親鸞聖人御消息』第二通、『註釈版聖典』七三九頁)と、三毒《さんどく》の煩悩に覆われていた私が「阿弥陀仏の薬」によってようやくさめてくるという表現も出てきます。

こういう表現をみますと、阿弥陀さまのお心が掛けられたこの私は、凡夫の身であることは臨終の一念まで変わることはありませんが、そのお心にかなう視点、あるいは心というものが開かれてきている、またそういう人生の歩みをするような私になる、ということではないかと思うのです。

生かされていることへの感謝

これは、あるご住職から聞いた話です。私どもの地方には、熱心な篤信の念仏者といわれる方々がたくさんいらっしゃって、昔はどこのお寺にお参りしても

「本堂の数列目まではお同行」といわれるように、篤信の念仏者がお参りをされていました。そういう人のなかのお一人だと思います。

あるとき、年配の女性が、頭の眉間《みけん》の辺りに腫瘍《しゅよう》ができたそうです。眉間の腫瘍は切除するのがなかなかむずかしいのですが、医者の勧めもあって、思い切って手術をすることになりました。

手術ですから麻酔《ますい》注射を打たれます。だんだんと意識が遠のいてゆくなかで、この女性は、〝もしかしたら上手《うま》くいかないかも知れない〟と思いました。すると、これで今生のお別れかも知れないということで、いままでお世話になった方々のことが頭に次から次へと浮かんできたそうです。

そうこう考えているうちに意識がなくなって……次の瞬間、目が開いた。目が開いたということは、手術が成功したということです。看護師さんが「〇〇さん、よかったですね」と言われ、すぐに主治医の先生を呼びました。そうすると主治医の先生も、「〇〇さん、無事に手術が終了しましたよ」とおっしゃいました。

そのときに、この女性は先生にこう言われたそうです。「先生、どうもありがとうございました。お蔭《かげ》で、むずかしい手術をしていただきました。ところで、先生のご両親はご健在でしょうか？」と、訊《き》かれたそうです。「もしご両親がご健在でありましたら、お礼を言ってくださいませんか」と言われたそうなのです。「どうしてか」と訊くと、「先生がこのような手術ができるようになられるためには、ご両親が先生を大学の医学部に行かせようと、たいへんなご苦労もされたことでしょう。それを思うと、いま私が先生に手術してもらったのはご両親のお蔭でもありますから、お礼を言ってくださいね」とおっしゃった。つまりこの女性は、相手だけのことではない、その見えないご両親をはじめとした方のお蔭ということを思い、そういう言葉を掛けられたのでしょう。

また、私が驚いたのは、この女性のその後の行動です。その女性は快復して自宅に帰り、日常の生活が送れるようになりました。しかし残念ながら、眉間の手術でしたから、少し傷痕が残ってしまいました。私たちが手術を受けたり怪我《けが》をしても、傷口が頭の後ろなどの見えない部分だったらいいなあと思うのが普通です。ところが、そのご住職がお参りされますと、その人はいつもにこやかに、「私はこの眉間に傷が残って幸せでした」とおっしゃったそうです。毎朝、顔を洗うときに見えるから普通ならば嫌なことですが、その女性は、傷痕を見るたびにいろいろな人のお蔭でいまを生かされているという感謝の念を持つことができる。だから、傷ができたことを幸せだとおっしゃるわけです。

本当は傷が残ったことで嫌な思いもあったかと思います。ところが、この女性のなかではそれを受け止める視点が育ち、ものの受け止め方が変わってきているのです。先ほど申したように、深い悲しみはけっして消えることはありません。また傷痕は消えることはありませんけれども、仏法のご縁をいただいたときに、そこにまた違った視点を持ち、違ったものの見方が生まれてくるのです。
信心をいただいた人の生き方ということで、よく妙好人といわれる篤信の念仏者が引き合いに出されますが、この妙好人の方々の言動を見れば、つらい出来事や深い悲しみの捉え方に変化が起こってきているのだろうと思います。

生死を出づる道を歩む

そういうつらい出来事や深い悲しみに寄り添い支え合うということで、第二十四代門主・即如上人も、『愚の力』（文藝春秋）という本のなかで、このようなコメントをされています。

阿弥陀如来の慈悲に救われると知ったものが、自分の不完全さから目をそらさずに自らできることをする。私の行為が慈悲なのではなくて、阿弥陀如来の慈悲の中で、今何ができるかということです。（中略）聖道《しょうどう》の慈悲を「自力」、浄土の慈悲を「他力」といってもいいのですが、他力だからといって何もしないで惰眠《だみん》を貪《むさぼ》っていていいわけではありません。不完全な存在であるという自覚のもとに、できることからやるのです。（一八〇―一八一頁）

それは私なりの理解でいいますと、「生死を出づる道」を必要としている人々、つまり罪悪生死の私たち凡夫である自分が、できることを通してさまざまな事柄に関わっていくことだろうと思います。実践のなかに味わっていく世界、阿弥陀仏の慈悲を心に体して行動する世界を示されています。

二《ふた》つの白法《びゃくほう》あり、よく衆生《しゅじょう》を救《たす》く。一《ひと》つには慚《ざん》、二《ふた》つには愧《き》なり。慚《ざん》はみづから罪《つみ》を作《つく》らず、愧《き》は他《た》を教《おし》へてなさしめず。慚《ざん》はうちにみづから羞恥《しゅうち》す、愧《き》は発露《ほつろ》して人《ひと》に向《む》かふ。慚《ざん》は人《にん》に羞《は》づ、愧《き》は天《てん》に羞《は》づ。これを慚愧《ざんぎ》と名《な》づく。無慚愧《むざんぎ》は名《な》づけて人《にん》とせず、名《な》づけて畜生《ちくしょう》とす。慚愧《ざんぎ》あるがゆゑに、すなはちよく父母《ぶも》・師長《しちょう》を恭敬《くぎょう》す。慚愧《ざんぎ》あるがゆゑに、父母《ぶも》・兄弟《きょうだい》・姉妹《しまい》あることを説《と》く。

（『註釈版聖典』二七五頁）

これは『教行信証』「信文類」に引用された、『涅槃経』（『大般涅槃経《だいはつねはんぎょう》』北本巻一九（『大正新脩大蔵経《しんしゅうだいぞうきょう》』一二、四七七頁中）、同南本巻（『同』一二、七二〇頁中）の文の一節です。人であることを『涅槃経』では、「慚愧」という言葉で示されています。「慚」は自らの罪を羞《は》じ、「愧は他を教へてなさしめず」という言葉ですが、その「愧」の解説に「発露して人に向かふ」という表現があります。ここに、人に対してもはたらきかけていくという側面があるのではないかと思います。また「慚愧あるがゆゑに、父母・兄弟・姉妹あることを説く」――こ

れは一般的には親子・兄弟・姉妹、あるいは夫婦関係のことをいっているかもしれませんが、『歎異抄』第五条には、

一切《いっさい》の有情《うじょう》はみなもつて世《せ》々生々《せしょうじょう》の父母《ぶも》・兄弟《きょうだい》なり。

(『註釈版聖典』八三四頁)

という言葉も出てきます。そうすると、「生死出づべき」ことを必要としている人々は、みな私と同じ兄弟であるということになります。自分以外のあらゆる生命に対して「父母・兄弟」という思いを持たれているということです。

僧侶としてきちんと伝えるべきこと、また真宗のみ教えを体得した人々のなかに、他の「いのち」に寄り添っていく心があるということを、私自身、改めて深く考えさせていただいています。

第四章　浄土真宗の心で

浄土真宗の生き方

不幸な出来事――柔軟心

蓮如上人の語録を綴った『蓮如上人御一代記聞書』第二百九十一条には、

一　信《しん》をえたらば、同行《どうぎょう》にあらく物《もの》も申《もう》すまじきなり、心和《こころやわ》らぐべきなり。触光柔軟《そくこうにゅうなん》の願《がん》（第三十三願）あり。また信《しん》なければ、我《が》になりて詞《ことば》もあらく、諍《あらそ》ひもかならず出《い》でくるものなり。あさましあさまし、よくよくこころうべしと云々《うんぬん》。

（『註釈版聖典』一三二七頁）

（「信心を得たなら、念仏の仲間に荒々しくものをいうこともなくなり、心もおだやかになるはずである。阿弥陀仏の誓いには、光明にふれたものの身も心もやわらげるとあるからである。逆に、信心がなければ、自分中心の考え方になって、言葉も荒くなり、争いも必ずおこってくるものである。実にあさましいことである。よく心得ておかなければならない」と仰せになりました。『蓮如上人御一代聞書（現代語版）』一八八―一八九頁）

と、おっしゃられています。仏さまの教えやその光明に照らされる者は、心持ちが非常に柔軟になり、他人に対しても思いやりのある接し方ができるといわれるのです。

これはある意味では、いろいろな出来事や人に対しての柔らかい視点、別の言葉でいうならば、当たり前のことを当たり前に受けとめていける視点がひらけるということでしょう。しかし、こういった心持ちを持つことは非常にむずかしいことです。

鳥取の熱心な念仏者であった源左《げんざ》さんは、あるとき自宅を焼失します。その後、一生懸命働いて再建されるのですが、まもなく今度は近所の火災の延焼《えんしょう》によって、再び自宅を失ってしまいます。このとき、源左さんはこうおっしゃられています。「私は二度火事に遭って、初めて仏さまがお浄土を説かれている意味がわかった」といわれたのです。

私どもは不幸な出来事が起こりますと、ややもするとその責任をほかに求めたり、現実から目をそらすことが多いのではないでしょうか。確かに、源左さんにとっても、二度の火災は悲しい出来事だったに違いありません。しかし、源左さんは、それはこの現実の世ではこういう出来事もありうるのだ、仏さまはかねてそのような苦悩を見抜いてお手立てを建ててくださっていたのだと、現実の身にみ教えを受け止めていかれたのでした。

先の柔軟心という心は、ただ単に優しい思いやりのある心になるというだけでなく、自分にとって不幸なことや幸福なことも「ようこそ」と受け止めていく、柔らかい心持ちになるという意味もあるのではないでしょうか。

反省と感謝―かたじけなさ

『歎異抄』後序には、親鸞聖人の次のようなお言葉があります。

弥陀《みだ》の五劫思惟《ごこうしゆい》の願《がん》をよくよく案《あん》ずれば、ひとへに親鸞一人《しんらんいちにん》がためなりけり。さればそれほどの業《ごう》をもちける身《み》にてありけるを、たすけんとおぼしめしたちける本願《ほんがん》のかたじけなさよ
（『註釈版聖典』八五三頁）

（阿弥陀仏が五劫もの長い間思いをめぐらしてたてられた本願をよくよく考えてみると、それはただ、この親鸞一人《ひとり》をお救いくださるためであった。思えば、このわたしはそれほどに重い罪を背負う身であったのに、救おうと思い立ってくださった

阿弥陀仏の本願の、何ともったいないことであろうか　『歎異抄（現代語版）』四八—四九頁）

という一節です。

いま、唯円房は親鸞聖人から、阿弥陀さまのご本願、つまりお救いは、迷いの業を持ち続け、輪廻転生《てんしょう》してきたこの私こそを救おうとしているのだ、というお言葉を聞き、そのお言葉が中国の善導大師の人間観と少しも違わないとおっしゃられています。

この一節の中心となるのは、「本願のかたじけなさ」といわれた、私の心の内実です。いまでこそ使用しない表現ではありますが、「かたじけない」という言葉は、自分自身の姿を深く信知せしめられて「申し訳ない」という側面と、その私をも見捨てずに救ってくださる仏さまへの感謝「ありがたい」という側面の二つが、同時に存在している表現です。この親鸞聖人の言葉を我が身に引きあてて よくよく案じなさい、と唯円房は諭しておられるのです。

私も、よくいろいろな間違いや勘違いをして、他人に迷惑をかけたり、注意されたりします。そして、自分が間違っていたと気づいたときには、自分は何とだめな人間なのだと思い反省をします。それと同時に、周りに迷惑をかけたら、注意してもらって有り難かったなという感謝の思いも起こってきます。

浄土真宗の信心は、私の真のありようと阿弥陀さまの救いを信知する二種一具《にしゅいちぐ》の信相と申します。二種とはこの二つの側面（機の深信、法の深信）、一具とはそれが一つの心持ちであるということですが、「本願のかたじけなさよ」という親鸞聖人のお言葉は、そのことをよく表現しているのではないでしょうか。

もののみになる

日本の四季には、若葉のみどりが薫《かお》り、頬を撫《な》でていく風も、実に爽《さわ》やかに感じる季節があります。近頃の世相は心が暗くなるようなことばかりですが、せめて、ときには爽やかな風のような話題をお贈りしたいものだと思います。こんな感慨深い話を聞きました。

昔、あるアメリカ人が「日本に来て、奈良も京都も見てしまった。もう名所見物でもあるまい。これからは日本人というものを見きわめてみたいものだ」と考えて、いままでに取り引きのある大企業でなく、中小企業を紹介してもらって見学をして回っていたというのです。

ある日のことです。一つの工場見学を終えて、次の工場に移ろうとして上着のポケットから財布を取りだして中を改めて見たところが、一万円札が五枚しか入っていないことに気づいたのです。そこで、このアメリカ人は、受付の女性に

「すみませんが、これをこまかくくずしていただけませんか」と、一万円札を一枚わたして頼んだのだそうです。

「しばらく、お待ちください」、そう言って出ていった二十歳ぐらいの女性は、封筒に入ったお金を持って来てくれました。「お待たせいたしました。お役に立ちますかどうか。どうぞ、お改めください」と確認を求められたので、そのアメリカ人は「ありがとう」とお札を申して、机の上に置かれた封筒をそのままに、横から手を入れて引き出してみたところ、千円札が八枚しか入っていなかったというのです。

「おやっ？」と思って、その封筒を手にとってみますと、なにやら重くて、ポトッと音をたてて机の上に落ちたではありませんか。フッと封筒に息を吹きかけて中をのぞいてみますと、まだお札が入っているではありませんか。手を入れて引き出してみたら、五百円札が二枚入っていました。さらに封筒をひっくり返してみますと、中から出てきたのは百円硬貨が九枚と十円が十枚だったというのです。

親鸞聖人は、「真実」という二文字を「かならずもののみとなる」(『浄土和讃』、『浄土真宗聖典全書㈡』宗祖篇上、三三七頁、左訓)ことだと頂戴されて、常に私の身(実)となってはたらいてくださる阿弥陀さまの温もりと、必ず衆生のためとなる確かさを仰がれたのです。「衆生、病むがゆえに仏もまた病みたまう」とお聞かせいただいていますが、自他の区別のましまさぬ一如《いちにょ》の智慧の阿弥陀さまなればこそ、どうあってもこの罪深き私を見捨てることができずに、慈悲の手をさしのべてくださるのです。

この阿弥陀さまの「もののみになる」お心をお聞かせいただくとき、如来さまのお心を頂戴して、あまりにも干《ひ》からびたこの世に、少しでも温もりや潤《うるお》いを持たせたいものではありませんか。先の女性のあのさりげないけれども、温かく豊かな思いやりのように……。

限りある〝いのち〟

秋も深まり紅葉のきれいな季節になりますと、お仏壇によくきれいな菊の花がお供えしてあります。ところが、この菊の花、仏さまにお供えされていることが多いことからか、病院などにお見舞いに持っていきますと、「縁起が悪い」とか「気持ちが悪い」などといわれて、嫌われることが多いようです。花のイメージが葬儀や死者といったイメージと結びついて、このように言われるのだと想像されます。

しかし一方で、この菊の花は不老長寿の花として重んじられてきました。中国では、この菊の花びらから垂れた滴《しずく》を飲むと長生きするといわれますし、重陽《ちょうよう》の節句《せっく》（九月九日）には菊の花びらを食べる習慣がある地域もあります。つまり元々は不老長寿を表す、いわばおめでたい花であったのです。そういったところからお酒の名前に多く使用されたり、菊の紋章など象徴的な花とされてきました。仏さまのお供えに多く用いられるのも、一つはそうしたおめでたいイメージからでしょう。

ところで、私たちの命はいくら不老不死を願っても、必ず限りがある命です。科学が発達し、百五十歳、二百歳と寿命が延びたとしても、死なないことはありません。ですから、お釈迦さまは、この老・病・死の苦、つまり生死の問題を解決するために出家されました。しかも、それは健康で幸せの絶頂の最中、二十九歳のときのことです。けっして私たちの思う日常の幸福を求めるためではありませんでした。

私たちは一〇〇パーセント死にゆく存在ですから、今日一日をいかに生きていくのかが問われるのです。親鸞聖人は、このような人生の依りどころとなってくださる阿弥陀さまとともに生きられた方です。「必ず老・病・死の迷いから離れ、必ずお浄土に往生させるぞ」という仏さまの願いのなかに生きられた方です。仏法を聞くことの意味を、いま一度問いながら、私たちは限りある〝いのち〟を大切に生かさせていただきたいものです。

人生の旅人──黒白二鼠の喩え

『譬喩経《ひゆきょう》』という経典に、「黒白二鼠《にそ》の喩え」というお話があります。

あるとき、一人の旅人が広野を歩いていますと、突然、大きな暴れ象が現れ、迫ってきました。周りを見まわしても、身を隠すところがありません。ところが、幸い古井戸に藤蔓《ふじづる》が垂れ下がっているのを見つけた旅人は、一目散にそのなかに逃げ込みました。

象は井戸のなかをのぞき込みますが、中までは入ってこられません。旅人は一安心し、井戸の底を見ますと、その井戸の底には大蛇《だいじゃ》が大きな口を開けて、旅人の落ちてくるのを待ち受けていました。上へも登れず、下へも降りられず絶体絶命、命の綱は藤蔓一本です。

ところが、その藤蔓の根元のところで、ガリガリという音がしています。よく見ますと、横穴から白鼠《しろねずみ》と黒鼠《くろねずみ》が入れ替わりして、顔を出して根元をかじっています。「もう駄目だ」と天を仰いで嘆息していると、ポタリポタリと甘い蜜が五滴も口のなかに入ってきました。藤蔓の根元に蜂の巣があって、そこから甘い蜂蜜が垂れてきたのです。旅人はその蜜の甘さに、しばし恐怖を忘れてしまいました、というお話です。

この旅人とは、人生の旅をしている私たちのことです。象は、時間の流れ、無常のことです。井戸の底の大蛇は死の影で、私たちを待ち構えているのです。藤蔓とは、命の根、自分の寿命です。白と黒の鼠は、昼と夜のことです。私たちの命は、一日一日と縮まっていきます。五滴の蜂蜜とは、食欲・色欲・睡眠欲・名誉欲・財欲という日常的な欲望です。

いま最高に幸せと誇ってみても、それは世俗の喜びで、長続きはしません。それゆえに、私たちは不安を覚えます。浄土真宗のみ教えは、この旅人の状態の私を、阿弥陀さまの救いを信じお念仏申す者を、その身そのまま誰一人落とすことなく、光明に摂め取って捨てることはないという、生死を超えていくみ教えです。

阿弥陀さまの救い

対治と同治

ある雑誌に、大阪大学医学部の教授であった中川米造さんと、協和発酵という製薬会社の会長をされた加藤辨三郎《べんざぶろう》さんの対談が載っていました。それは、「対《たい》治《ち》」と「同治《どうち》」ということについてでした。

加藤さんの説明によると、例えば、熱が出たときに、氷で冷やして熱を冷ましてやるのを対治、お布団《ふとん》をいっぱい掛けて、温かくして汗がいっぱいでるようにして熱を下げるようにするのを同治という、と言われていました。私たちは何かで落ち込んでいる人に、「何をくよくよしているんだ。元気をだせ」と励ましますが、これが対治です。一緒に涙を流すことによって、肩の荷を少しでも下ろすようにするのが同治でしょう。先の対談では、対治よりも同治の方が数段上なのだよということを説明されていました。

実はこの言葉、もともと仏教からきた言葉として、作家の五木寛之さんも盛んに取り上げていらっしゃいました。不治の病で死を目前にしている人に、「頑張って。生きてください」と、軽く発してしまうこともある私たちです。ですが、これではその人を苦しめているだけでした。「本当は生きていてほしいけれど、死を受け入れていきましょう。死んでもいいのですよ」というのは、同治的なのかもしれません。一見「病気でもいい」というのは冷たそうに思えるのですが、本当の優しさは、実はこの同治の立場に立つことではないかと思えるのです。

浄土真宗のご本尊である阿弥陀さまは、この私にけっして頑張ってこうあるべきだとは申されません。むしろ「病気でも、そのままでいい」「そのままのお前を受け入れますよ」と、私どもを喚んでくださる仏さまです。先の対談は、本当の優しさや見方とは何かを考えさせてくれる一話でありました。

育むということ

私が子どもの頃は、春先にはどこの軒先にもツバメの巣が見られました。ツバメは、気温が十度以上になった地方から、順番に北に向かって渡っていきます。塒《ねぐら》である半球型の巣は、口に泥をくわえ唾液で液状にし、それに枯れ草や藁の切れ端などを混ぜて作ります。

雄のプロポーズから約一週間で巣は完成し、その後、雌は毎日一個ずつ、合計六個程度、巣のなかに卵を産みます。雛は二週間ほどで姿を現しますが、丸裸でまだ目は開いていません。その上、体温調整ができませんから、親鳥は五日間ほど羽の下にくるんで温めてやります。これが本来の羽に含むという意味で、「育《はぐく》む」という言葉の語源になっています。この親の愛情を表す言葉から、育てる、教育という言葉もできました。

子に餌を運んでくるのは主に雄ツバメですが、雌が外を飛んでいるときには、代わりに雄が巣を離れず、蛇や猫が襲ってくるのを防がなければなりません。なんと親鳥は一日五百回も給餌《きゅうじ》をするそうです。

ところで、雛は目が開いていなくても、巣のかすかな揺れで親の帰って来たことを感知します。巣のなかでは五、六羽の雛が待っていますが、同時に全員に餌は与えられませんから、口を大きく開けている子が一番空腹ですので、親はその子から餌を与えます。

思えば、私たちの阿弥陀さまも平等の大悲心をもってお救いくださるのですが、しいて順番をつけますと、やはり苦悩の大きいものを先とされるのではないでしょうか。「善人《ぜんにん》なほもつて往生《おうじょう》をとぐ。いはんや悪人《あくにん》をや」（『歎異抄』第三条）と、苦悩にあえぎ弥陀をたよりとする悪人こそが、一番大きく口を開けているものでありましょう。

そのまんまの救い

タレントのそのまんま東さん、本名東《ひがし》国原《こくばる》英夫《ひでお》さんが宮崎県知事に就任したのは二〇〇七（平成十九）年でした。この年は、彼が知事として東奔西走《とうほんせいそう》した結果、その知名度から、宮崎県の話題がマスコミに取り上げられることが多い年でした。

さて、「そのまんま」というのは、浄土真宗のお救いでは、まさに「私のありのまま、そのままで救われる」ということをあらわしています。親鸞聖人のお師匠さまである法然聖人は、

浄土宗《じょうどしゅう》の人《ひと》は愚者《ぐしゃ》になりて往生《おうじょう》す

（『親鸞聖人御消息』、『註釈版聖典』七七一頁）

と、聖道門の教えは智慧をみがいて仏になりますが、浄土門は愚者になってお浄土にまいいる、と仰せになられました。この「愚者になる」「愚痴にかえる」ということは、ありのままの自分を知るということです。それは真実なるみ教に照らされた自己でもあります。

妙好人といわれた島根県温泉津《ゆのつ》（現・大田市温泉津町）の浅原才市《さいち》さんは、古希《こき》を迎えて、ある画家に自分の肖像画を描いてもらいました。できあがった肖像画を見て、才市さんは「これはわたしに似ていない。わたしの絵じゃない」と言ったそうです。それは肩衣《かたぎぬ》をつけ正座して、数珠を持ち合掌している才市さんを真正面から描いた、ご本人によく似た絵でした。

ところが、才市さんは「頭に角《つの》を描いてください」とお願いされ、数日たって描き上げられたのが、二本の角のはえた才市さんの肖像画だといわれています。人を憎み怨《うら》んだりする、浅ましい恐ろしい心を持っていることを、角を描いてもらうことで表現されたのでした。

才市さんは、阿弥陀さまのみ教を聞き、本当の自己の姿に気づかされたのでした。それは、けっして謙遜や卑下したわけではありません。柔和な顔つきで合掌している才市さんの肖像画を見た安楽寺の梅田謙敬《けんきょう》和上は、たいへん感動して讃銘《さんめい》を書かれています。阿弥陀如来の本願のはたらき（法）、一切の衆生をお念仏一つで救おうというはたらきが、煩悩まみれの悪凡夫（機）のうえに実現しているありさまである、と讃えられたのでした。

救いの目当て――『阿弥陀経』の一背景

浄土真宗や浄土宗などが依りどころとする経典の一つに『阿弥陀経』という経

典があります。この経典では、阿弥陀仏の真実の世界である浄土（極楽）の姿が示されています。

『阿弥陀経』は、有名な祇園精舎《ぎおんしょうじゃ》において、お釈迦さまが舎利弗《しゃりほつ》という弟子に、

　これより西方、十万億の仏土を過ぎて世界がある。名づけて極楽という。その仏を阿弥陀という。その国の衆生は何も苦しみがなく、楽ばかりを受ける、だから楽の極み、極楽と名付けるのだ。

と語り始めます。あたかも極楽が見えているように表現され、非常に理解しやすい内容の経典です。

ところで、この経典は、智慧第一といわれた舎利弗というお釈迦さまの弟子に語られています。なぜそのような易しい話を舎利弗にされたのでしょう。この背

景には、祇園精舎とはどのような場所であったのかが関係しているようです。

祇園精舎の「祇樹《ぎじゅ》」（祇園）とは、その所有者であったギダ太子（ジェータ太子）の林であるということを示し、「給孤独《きっこどく》」とは「孤独な人々に食を給した」という意味で、正式には「祇樹給孤独園」といいます。祇園精舎ができるまでには、次のような話があります。

スダッタ長者は貧しい人や身寄りのない老人に衣類を与え、生活を支えていました。しかし、それだけでは人々の孤独が満たされることがありませんでした。

あるとき、お釈迦さまの説法を聞いて感動したスダッタは、自分が世話をしている人々にも、お釈迦さまの説法を聞いてもらおうと思い立ったのです。そこで土地を探し求め、ギダ太子が所有する林を見つけました。しかし、太子はその土地を手放そうとせず、欲しい土地に金貨を敷き詰めれば、その土地を譲ろうと難題をだしました。

ところが、スダッタは諦めず、財産を抛《なげう》ち金貨を敷き詰め始めました。その姿を見たギダ太子は心を打たれ、自らもお釈迦さまに帰依し、スダッタに協力することになります。こうして、この二人の協力でできたのが祇園精舎です。

舎利弗はおそらく、この祇園に住んでいた多くの孤独な人々に、お釈迦さまの話を聞いてもらいたいと、ただ黙って話にうなずかれたのでしょう。一番の智慧者である舎利弗は、お釈迦さまが説法された真意は、孤独な人々の心を満たすことにあったことを、ご存じだったのでしょう。するとこの説法の背景には、実は私たちに向けられた深い意図として、すべての者を浄土に往生させたいという阿弥陀さまの願いがあることが見えてくるのではないでしょうか。

心豊かに生きることのできる社会へ

「いのち」はなぜ尊いか

二〇〇二（平成十四）年のニュースでは、賞味期限の切れた食材を提供していた会社が摘発されたり、人体に有害な添加物が含まれている食材と知っていながら使用していたという出来事が多く報道されていました。私たちは、次第次第に「いのち」を扱う感覚が麻痺《まひ》してきているのではないでしょうか。

では逆に、なぜ「いのち」は尊いのでしょう？　なぜ、殺したり、死んだりしてはいけないのでしょうか？　仏教では「人身受《にんじんう》けがたし」（「礼讃文《らいさんもん》」『日常勤行聖典』）という言葉があります。お釈迦さまは、「人間に生まれることはたいへんにむずかしいことである。だから、その貴重な『いのち』を粗末にしないで生きて行かなくてはならない」とおっしゃっています。
大阪にある生命誌研究館の中村桂子《けいこ》先生は、多くの著書で、

私たちの生命は、三十八億年の積み重ねです。皆さんもご承知のように、赤ちゃんは最初は魚のような形をしている。それが、だんだん人間のようになってきます。人間に至る生命の形成過程を十ヵ月の間に繰り返しているのです。
(『龍谷大学 人間・科学・宗教オープン・リサーチ・センター 二〇〇二年度報告書』より抜粋)

といわれます。ひとはたいへんな生命の重みを背負って、いま〝ひと〟として生きているのです。

お釈迦さまの時代に、こういう出来事がありました。コーサラ国のハシノク王が、お妃《きさき》であるマツリカに、「私たちは実に幸せだ！　ところで、お前は一体何が一番いいとおしいと思うか？」と聞かれたそうです。すると、お妃は暫《しば》く考えて、「王さま、私は私自身が一番いとおしいと思います。そういう王さまは何がいとおしいですか？」と逆に質問しました。すると王さまは、「お前が一番、人民が一番と言いたいが、すまないが私も自分が一番いとおしい」と答えられたそうです。

そこで、二人はこの答えが本当に正しいものか、お釈迦さまに尋ねられました。お釈迦さまは、「生きるもの、命あるものは、すべて自分が一番大切と思っています。そうであるから、他人もまた自分が一番大切と思っていることに、気づかねばならない」と仰せられたそうです。また、己《おの》が身をひきくらべて、殺してはならぬ。

（『ブッダの真理のことば 感興《かんきょう》のことば』二八頁、岩波文庫）

ともいわれています。

これらの話を思うとき、私たちは自分自身の「いのち」を大切に思うことと同じように、ほかの「いのち」も自分に引き寄せて大切だと思うことを忘れてはなりません。

心に咲く桜

禅宗の良寛禅師《りょうかんぜんじ》の辞世の句ともいわれる歌に、

散る桜残る桜も散る桜

（『定本良寛全集』第三巻、三八頁）

という歌があります。亡くなり往く人だけではなく、いま生き残っている私もいずれは散りゆく桜ですと、自身に引き寄せた無常観を詠った歌です。

浄土真宗の親鸞聖人も僧侶となるお得度に際して、

明日ありと思う心のあだ桜夜半《よわ》に嵐の吹かぬものかは

という歌を詠まれたといわれます。明日があると思い込んでいる気持ちは、いつ散るかもしれない儚い桜の花のようで、夜に嵐が吹いてしまうなら、もう見ることはできない、とやはり儚い世を詠われています。

ところで、最近気になった一句に、東日本大震災で最後まで避難を呼びかけた、南三陸町《みなみさんりくちょう》職員の遠藤未希《みき》さんのご両親が詠まれた歌があります。

散る桜いまも心に咲く桜

（龍谷大学鍋島直樹教授ボランティア時の集合写真より）

と、自身の娘さんは最後まで避難を呼びかけて、大津波にさらわれ早くに亡くなったけれども、その想い出や気持ちはいまも私たちの心に咲きつづけている、という歌です。儚い出来事のなかで、忘れられない、忘れてはいけないことがある、と心に刻まれた句だと味わわせていただきました。

四月八日はお釈迦さまの誕生日であり、「花まつり」と呼んでいます。お釈迦さまが誕生後に七歩、歩かれたときには、足跡から蓮華の花が咲きほこったという話や、誕生地であるルンビニーの園には無憂華《むゆうげ》が咲きほこり、天から香水のような甘露《かんろ》が降り注いだという話が、伝えられています。

ハナミズキの心──共生

二〇〇九（平成二十一）年、民主党による新政権が誕生した当時、鳩山由紀夫《ゆきお》首相は、「友愛」という言葉を掲げて政治を展開されました。この「友愛」という言葉は、祖父の鳩山一郎元首相が理念に掲げておられた言葉にちなんだということです。

それは、人種、宗教、民族、国家、言語の壁を超越し、ともすれば乖離し、対立しがちな人間と人間、自然と人間との真の共生を目指すとされています。広い意味の言葉ですので、どのように解釈するかが大事であると感じました。

ところで、今日「共生」をはじめとして、ともに生きるということが多方面で強調されていますが、歌手の一青窈《ひととよう》さんの「ハナミズキ」という曲にも、そのような精神が表現されています。

このハナミズキとは木の名前でもありますが、一九〇九（明治四十二）年から数年にわたって、当時東京市長であった尾崎行雄《ゆきお》さんがアメリカ合衆国に桜の苗木を贈り、その返礼として一九一五（大正四）年にアメリカから東京市に贈られたのが、日本のハナミズキの始まりといわれます。日米親善の木として有名になりました。

さて、一青窈さんの「ハナミズキ」の歌詞の一節には、

薄紅色《うすべにいろ》の可愛《かわい》い君のね
果てない夢がちゃんと終わりますように
君と好きな人が百年続きますように　（作詞・一青窈　作曲・マシコタツロウ）

と、歌われています。この歌は、二〇〇一（平成十三）年の同時多発テロをきっかけとして作られました。報復や憎しみ、怒りの連鎖が止むことを願って作られ

た歌です。この歌詞には「君と好きな人が百年続きますように」とあります。普通、私たちは自分の好きな人のことを願います。しかし、この歌はその好きな人の好きな相手までも、百年平和でい続けられることが願われています。例えば、それは友達でもよいでしょう。友達の友達までの平和や幸せを皆が願えたならば、もっと幸せな世の中が実現できることでしょう。それには、私自身の心の中に、ハナミズキに託された思いを持つ必要があります。仏教ではそれは慈悲の心でありますが、「友愛」という言葉にこんな理解ができたらと感じたことでした。

平和への願い―兵戈無用

多くの犠牲者を出した十五年戦争を体験された方々も高齢化し、戦争がいかに悲惨なことであるのかという反省も、だんだんと忘れられ風化してきています。

一方、世界に目を向けますと、二十一世紀を迎えた今でも、二〇〇一（平成十三）年のアメリカでの同時多発テロ、それに対するアメリカのアフガン攻撃、そしてイラク攻撃と、正義の名の下に尊い命が奪われました。自己の主張しか見えない人間の愚かさが、そこにはあります。

浄土真宗が依りどころとする『無量寿経』には、「兵戈無用《ひょうがむよう》」という、兵士と武器に用事はないという言葉があります。そこには、

仏《ぶつ》の遊履《ゆり》したまふところの国邑《こくおう》・丘聚《くじゅ》、化《け》を蒙《こうぶ》らざるはなし。天下《てんげ》和順《わじゅん》し日《にち》月《がつ》清明《しょうみょう》なり。風雨《ふうう》時《とき》をもつてし、災厲《さいれい》起《おこ》らず、国豊《くにゆた》かに民安《たみやす》くして、兵戈《ひょうが》用《もち》ゐることなし。（『註釈版聖典』七三頁）

（仏が歩み行かれるところは、国も町も村も、その教えに導かれないところはない。そのため世の中は平和に治まり、（中略）国は豊かになり、民衆は平穏に暮

し、武器をとって争うこともなくなる。『浄土三部経（現代語版）』一三五頁）

とあります。

仏教は自己を正義として、ほかを排除するという思想ではありません。また、命を奪うことは赦《ゆる》されることではありません。特に浄土真宗では、阿弥陀さまの智慧に照らされ、ほかを責めて止まない己の愚かさ、罪を作りつづける己を反省し、慚愧することを大事にしています。

ところで、私が教鞭《きょうべん》をとる龍谷大学で、学生が戦争や広島への原爆投下の事実などをどのように理解しているのかを確かめるために、アンケートを採りました。すると、少なからず戦争の詳しい事実と原爆の悲惨さを理解していない学生がいることがわかりました。特に広島の原爆投下に関しては、東日本出身の学生の方が意識の低いことを実感しました。だんだんと若者世代には、このような事実の風化が進んでいるようです。

いま、私たちはその風化しつつある悲惨な事実をもう一度再確認し、仏のみ教えを広めることを通じて、安穏《あんのん》・平和なる世界を求めて行かなくてはならないと思います。

心豊かに生きることのできる社会

「〝いのち〟は大切ですか？」と聞かれれば、大抵の人は「大切だ」と答えるでしょう。「人を殺すことはいけないことですか？」と訊かれれば、大抵の人は「いけないことだ」と答えるでしょう。私たちはこのように「〝いのち〟を大切に」といいます。最近では、テレビのＣＭでも同じようなことをいっていましたね。では、「なぜ〝いのち〟は大切ですか？」と聞かれますと、なかなか簡単に答えを得られません。

あらゆる〝いのち〞は、時を超え、空間を超えて、さまざまなものに支えられ関連しあって、いま、ここにあります。そして、人は愛する者との別れや死の予感を通して、〝いのち〞のかけがえのなさに気づきます。

しかし、愛するものとの死別の悲しみや、また自分自身の死を、人はどのように受け止めたらよいのでしょう。

人生は常に「問う」という営みのなかで時間が流れていますが、ときに私たちの知識では簡単に答えが得られない問題が出てきます。それは、生きるということに深く根ざす生死の問題です。

草や木は光の有り難さを知っています。仏さまの智慧の光も、私たちの目では見えませんが、「つまらない人間だ」と思っていた私を、常に照らしてくださいます。そして、私の本当の姿を知らせ、心の安心をもたらしてくださるのです。

私の〝いのち〞も大切な〝いのち〞として願っていてくださるのです。

武田　晋（たけだ　すすむ）
龍谷大学教授（特任）・本願寺派司教・山口県萩市光山寺住職。

【著　書】

『選択本願念仏集講読』（永田文昌堂）
『教行信証に問う』〈共著〉（同）
『月々のことば』（2018年版）〈共著〉（本願寺出版社）、ほか。

まるごと仏教ライフ
―浄土真宗のすすめ―

2020年3月１日　第１刷発行
2020年5月15日　第２刷発行

著　者　武田　晋

発　行　本願寺出版社
〒600-8501 京都市下京区堀川通花屋町下ル
浄土真宗本願寺派（西本願寺）
TEL075-371-4171　FAX075-341-7753
http://hongwanji-shuppan.com/

印　刷　中村印刷株式会社

日本音楽著作権協会（出）許諾番号1914470-002号

MN02-SH2-①50-02　ISBN978-4-86696-007-4